겨울을 견딘 꽃씨 하나

겨울을 견딘 꽃씨 하나

이현인 수필집

곰곰나루

| 지은이의 말 |

씨앗을 심으며

삶은 늘 선택의 연속이다. 나는 그 갈림길마다 '가르침'이라는 씨앗 하나를 품고 걸어왔다. 서울에서 22년간 몸담았던 정든 교직을 내려놓고 두 아들의 미래를 위해 미국으로 건너왔던 여름, 포틀랜드의 전나무 숲과 신선한 공기가 나를 맞이했지만, 디아스포라로서의 삶은 온통 낯섦이었다. 오리건주 한인회 산하의 금요한국학교 수업에서 한국어 SAT 시험 준비반을 가르치면서, 나는 이국땅에 한국어 씨앗을 뿌리는 자가 되리라 마음 깊이 다짐했다.

포틀랜드 생활에 조금 적응할 때쯤, 남편의 직장을 따라 도착한 캘리포니아주 엘에이에서 또 다른 추운 계절을 맞이하는 여정이 시작되었다. 사십 대 중반의 나는 대학생이 되어 밤에는 교육학 강의를 듣고 낮에는 초등학교에서 보조교사로 일하며 캘리포니아 교사자격증을 받았다.

마침내 미국 공립고등학교의 한국어 교사로 가르치게 되었고 나의 교실은 다시 하나의 작은 봄을 맞이하였다. 한글 자모를 배우며 동요를 부르고 떡볶이 냄새에 매료되어 한국문화에 눈을 반짝이는 외국 학생들, 제기를 차고 윷놀이를 하며 '강남 스타일'을 부르고 부채춤을 추던 한국계 미국인 학생들이 눈앞에 내려앉는다. 한국문화와 언어, 역사를 학생들의 가슴에 심어 주고 작은 씨앗이 자라도록 돌보았던 시절은 학생들이 그들의 정체성과 뿌리를 찾아가는 시간이었다.

팬데믹으로 인해 모든 한국학교의 교실 문이 닫혔으나 가르침은 멈추지 않았다. 줌(ZOOM)이라는 원격미팅시스템을 통해 화면 속에서 자료를 공유하고 전래동화와 한국 위인들을 소개하며 다시 한국어 씨앗을 뿌렸다. 온라인 교실이 낯설고 힘겨웠지만 함께 했던 교사들의 협력, 기도와 열정으로 힘든 시간을 지켜냈다.

추위에 잠긴 시간 속에서도 나는 한국어 씨앗을 조심스레 심고 아이들의 눈빛에서 봄을 기다렸다. 눈 덮인 들판에서 움트기 시작한 작고 여린 꽃씨 하나가 누군가의 마음 밭에 내려앉아 오롯한 꽃눈 틔우기를 소원하며 이 책을 세상에 띄운다.

이 책은 미국에서 한국어 교사와 한국학교 교장으로 지내온 27년, 디아스포라로서 흘려온 땀과 눈물, 감사와 믿음의 기록이다. 뒤늦게 뿌린 한국어 씨앗이 이곳에서 싹을 틔우고 눈부신 열매 맺기를 소망한다. 내 수업을 기억하는 사랑하는 제자들이 한국어와 한국문화를 통해 자신을 발견하고 자긍심을 품고 살아가기를 간절히 바란다.

이 여정 속에서 늘 곁을 지켜 준 남편과 두 아들 가족에게 고마운 마음을 전한다. 끊임없이 기도해 주신 목사님들과 성도들, 그리고 친구들, 지금까지 나를 인도하시고 붙들어 주신 하나님께 진심으로 감사드린다. 이제 글쓰기는 내 마음 밭에 심은 작은 씨앗이 되어, 자연의 품 안에서 잔잔히 꽃피우고 열매 맺기를 꿈꾼다.

마지막으로 합평을 통해 애정 어린 지도를 해주신 '가든문학' 성민희 선생님과 '재미수필 오렌지 방' 이희숙 선생님께 감사의 마음을 전한다. 또한 분주하신 가운데 세심하게 읽어 주시고 해설을 써주신 존경하는 박덕규 교수님께 마음 깊이 고개 숙여 감사드린다.

2025년 가을날
이현인

차례

지은이의 말
씨앗을 심으며 005

1부
한마음으로

머리 염색 마음 염색 014
이 나이에 무얼 하랴? 017
무엇을 남겼는지 021
한국어 씨앗 025
아버지를 그리며 034
첫 발령과 어머니 038
사랑은 사랑을 낳고 041
벌써 그립다 044
아버지와 곶감 048
괴짜 신랑 051
사랑하는 며느리 첫 생일에 055
한마음으로 060
진짜 가족 063
어머니의 향기 067

2부

꽃을 닮은 이들

삼월이 되면 072
미운 세 살 076
교사의 사명 081
제자 다윗 084
지속되는 사랑 088
9와 같은 인물 092
고 클라라 박 교수님을 그리며 095
아버지와의 약속 098
퀼트 전시장에서 101
내게 가장 힘든 일은 104
단비 같은 위로 107
견물생심(見物生心) 111
말 한마디의 의술 115
베푸는 자 119
짧은 날갯짓 123

3부

흙에서 찾은 행복

왜 이리 눈물이 나요 128
법정 속 하루 131
그네가 사라졌다 136
마지막 만남 139
백자 항아리를 품다 143
사랑의 줄 146
기적이다 150
이중언어의 힘, 두 가지 선물 153
디스크 골프 게임 157
우리는 어디에서 왔는가 160
작은 세상 163
미션인 166
내 친구는 해(海) 씨 169
감사의 두 얼굴 172
흙에서 얻은 행복 177

4부
실수는 새로운 시작이다

만남 182
아버지의 손길 186
사랑의 빚 189
황태 미역국 193
실수는 새로운 시작이다 196
노년에 만난 문학 199
수필 동우회 나들이 202
산장 강의 205
내가 만난 조국 209
가능성의 세계 214
가을 학기를 마치며 217
눈 속의 그림자 220
시어를 입고 춤을 223
청둥오리 한 쌍이 되어 227
두 문화를 이어주는 징검다리 231

해설 | **박덕규** 문학평론가, 단국대 명예교수
뿌리를 자랑스럽게 235

1부
한마음으로

머리 염색 마음 염색

거울을 보니 서리가 앉은 것처럼 흰머리가 고개를 쏘옥 내밀었다. 옆으로 넘겨진 머리카락에 진한 갈색과 하얀색의 경계가 뚜렷하다. 혼합 용기에 한방으로 만든 염모제와 산화제를 골고루 섞은 크림을 허연 머리 뿌리 부분에 발랐다.

머리 염색은 고대 이집트인이 헤나라는 식물을 이용하여 염색하는 것에서 유래했다고 한다. 조선시대에는 녹차와 같은 차 종류 식물인 삼발이의 잎과 줄기와 뿌리에서 염료를 추출한 천연염료를 사용하기도 했다. 식물성 천연추출물을 이용한 옛날 사람들의 지혜는 현대인 못지않게 창조적이고 기발하다. 이에 비하여 화학 성분이 주원료인 오늘날의 염색약은 19세기 프랑스의 한 화장품 회사에서 개발한 것이 시초라고 한다. 천연염료가 아닌 일반 염색약은 어떤 사람에게는 현기증 혹은 이명 현상을 일으키거나 탈모를 일으킨다. 내가 굳이 비싼 가격을 감수하고라도 한방 천연 염색 크림을 사용하는 것은 머리카락이 거칠어지는 것과 탈모를 조금이라도 방지하기 위해서다. 염색은 두피 건강을 생각해서 2~3개월에 한 번만 하는 것이 최선이라고 하는데 나는 2~3

주 만에 흰머리가 돋아나와 부분 염색을 안 할 수가 없다.
　염색 크림을 바른 지 10분 만에 머리를 감았다. 흰색과 갈색이 무질서하던 머리카락이 모두 윤이 나는 진한 갈색 머리카락으로 변했다. 이제는 외출도 마음대로 해야지 하며 혼자 웃는다. 지저분하던 머리가 깔끔하게 염색되는 것을 보면서 내 마음도 염색이 가능할까 하는 생각을 문득 해본다.
　머리 염색은 흰머리를 진한 갈색으로 바꾸어 외모를 변화시키면서 사람들을 대할 때 자신감을 가지게 한다. 반면 마음의 염색은 독서나 묵상으로 내면을 변화시킨다. 새로운 각오와 태도로 행동이 바뀌면서 나에 대한 긍정적인 인식을 갖게 해준다. 둘 다 외적인 변화와 내적인 변화로 더 자신감 있는 나로 바꾸는 과정이 비슷하다.
　머리 염색은 일시적이고 강제적으로 머리카락을 변화시키지만, 시간이 지나면 그 색상이 없어지고 다시 흰 뿌리가 올라온다. 그에 비해 마음은 새로운 다짐으로 염색이 되면 사라지지 않고 지속해서 변화하고 성장해 간다. 더 나은 삶을 유지하기 위한 긍정적인 마음의 근육을 키워준다. 명상이나 독서, 영화 감상 등을 통해 내면의 변화가 서서히 이루어 나가는 것이야말로 나라는 존재를 염색하는 첫 단계가 아닐까.
　거울 속에서 산뜻해진 나를 바라본다. 머리 염색은 억지로 외모를 바꾸었다면 마음의 염색은 나의 자각과 의지로 변하는 것이다. 머리 염색은 다른 사람들의 시선을 의식하고 바꾸었다면 마음의 염색은 내면의 깨달음과 실행을 통해 나 자신을 바꾼 것이다. 끊임없이 새롭게 변화시켜 바람직한 삶으로 이끌기 위해, 모든 노력에 더하여 깊은 성경 묵상과 그에 맞는 영성 일기도 쓰고 싶다.

박완서 작가가 남긴 산문집 『모래알만 한 진실이라도』를 읽었다. 작가는 해 저무는 시간의 버스 안에서 창틀에 기대고 곤히 잠들어 있는 소녀를 보았다. 피로에 지친 앳된 얼굴의 그 소녀를 얼싸안고 편히 재우고 싶었다는 고백. 그녀의 넉넉한 사랑과 따뜻한 마음을 읽고 한참을 가만히 앉아 있었다. 누군가의 삶 속 아픔을 품어주고 싶어 하는 마음이 내 마음에도 따뜻이 다가왔다. 나도 내 마음을 사랑으로 온통 염색하여 다른 사람을 배려하고 절대 긍정의 삶을 누리는 포근한 인간성을 지니고 싶다. 머리 염색은 2~3주 만에 하고 있지만 마음의 염색은 매일매일 해야겠다.

이 나이에 무얼 하랴?

투표 시작 한 시간 전에 투표소로 향했다. 투표하러 가는 게 아니고 선거 요원으로 일하기 위해서다. 선거 요원 교육은 이미 원격 수강으로 2시간 받았다. 내가 하는 일은 정해진 시간에 맞춰 투표소를 여닫으며, 투표용지를 제공하고 투표 과정을 감독하는 일이다. 대통령 예비선거가 치러진 지난 슈퍼 화요일에는 새벽 6시부터 늦은 밤까지 일했다.

예비 선거일을 이틀 앞두고 선거 요원으로 봉사하러 간 첫날이었다. 투표소로 들어서니 입구에 테이블이 놓여 있었다. 등이 활같이 굽은 할머니와 또 다른 여인이 각각 워커를 끌고 테이블 앞으로 나란히 들어왔다. 알고 보니 모녀였다. 여든네 살인 어머니는 산소를 공급하는 콧줄을 달고 있었다. 저건 병원 근처에서 많이 보는 모습인데? 여기는 투표소가 아닌가? 바로 그때 예순이 훌쩍 넘어 보이는 키가 크고 몸집이 큰 딸이 투표소장 안에 놓인 투표 안내표지판과 주차 표지판 여러 개를 워커 의자에 실었다. 앞치마 주머니에 오렌지색 테이프와 가위를 담아 워커를 밀며 밖으로 나갔다. 그들도 나처럼 봉사자로 온 것이었다.

여덟 시가 되자 첫 유권자가 들어왔다. 첫 번째로 투표하는 그에게 투표함이 비어 있고 스캐너 카트에 아무것도 없음을 확인시켰다. 투표자가 모든 것이 정상인 것을 확인하고 잠금장치 하는 것을 본 후, 사인을 하자 투표소에 있던 요원들이 박수를 보냈다. 유권자가 비치된 투표함에 직접 봉투를 넣기 전에 모녀는 봉투에 사인과 주소가 제대로 기재되었는지를 꼼꼼히 확인했다. 유권자가 사전에 등록하지 않았거나 주소를 옮겼거나 정당 소속을 바꾸겠다고 하면 현장에서 별도의 양식을 받아 작성하게 했다. 미국에서는 예비선거가 정당별로 따로 치러진다. 대통령 선거를 앞두고 민주당과 공화당은 각각 자당의 후보를 선출하기 위해 예비선거를 실시하기 때문이다. 이 예비선거에 참여하려면 해당 정당에 등록되어 있어야 하며, 이 때문에 정당 소속 변경 절차가 중요하다.

유권자는 작성한 양식을 컴퓨터 작업하는 요원에게 제출해 본인 확인 작업을 거친다. 확인이 끝나야 비로소 투표할 수 있는 자격이 주어진다. 나는 키 배지를 이용하여 유권자 번호와 정당 번호를 입력하고, 전자투표 장치를 활성화하는 역할을 했다. 유권자가 터치스크린 방식의 태블릿을 이용해 후보를 선택하고 나면, 선택 내용은 자동으로 인쇄되어 나온다. 유권자는 출력된 투표지를 확인한 뒤, 투표지를 인식하는 기계인 스캐너에 넣거나 투표함 역할을 하는 카트에 넣어 투표를 마무리한다. 투표를 마친 사람에게 '나는 투표했다'라는 스티커를 주면, 그들은 환한 미소로 고맙다고 인사한다. 미국 시민이 권리를 행사하는 투표소의 진한 광경이었다.

　유권자들이 뜸하면 나는 모녀가 하는 일에 눈이 가곤 했다. 어머니는 단어 퍼즐을 풀어 보거나 뜨개질하다가 돋보기로 책을 읽었다. 워커에서 산소 뿜어내는 소리가 떨거덕거렸지만, 그들은 자신의 상황을 불평하지 않았다. 몸 관리하기도 어려운 상황에서 성실하게 투표자들을 안내했다. 불편한 몸으로 봉사하는 모습을 보면서 나 자신이 부끄러웠다. 이 나이가 되도록 이런 봉사를 처음 한다니.

　마지막 선거일은 열네 시간 동안 투표소에 머물렀다. 투표소가 붐비니까 내 몸이 말을 안 들었다. 오른쪽 종아리에 쥐가 나고 발가락이 꼬부라져 땅겨 왔다. 내가 이렇게 힘든데 저들은 어떠할까. 자기 삶을 담담하게 받아들이고 책임 있게 성취하는 그들의 모습을 보면서 내 마음을 가다듬었다. '내 나이가 이리 많은데 무얼 하랴'라는 부정적인 생각이 내달음치는 날이 있었는데. 모녀의 일하는 모습은 마치 산소를 공급하는 한 편의 시를 읽는 것 같았다. 그들은 각자의 일에 충실하고 서로를 지지하며 마음을 나누었다.

　그들이 쉬는 시간이나 화장실에 갈 때면 다른 요원들이 일어나 문을 열어주었다. 워커가 지나갈 통로를 만들어 주며 서로를 배려했다. 서로 마주 보며 미소도 주고받았다. 순간마다 서로의 상황을 이해하고 베푸는 것이 얼마나 마음이 흐뭇한지.

　투표소 문을 닫기 전 내가 컴퓨터 번호를 점검하는 동안 딸은 투표 안내표지판을 거두어 왔다. 그들의 불편함보다는 누군가의 도움이 되고 싶어 하는 마음, 사회 질서와 공익을 위해 봉사하는 모녀를 바라보며 미국은 아직 살아 있다고 느꼈다. 그들의 모습은 내 마음을 좀 더 낮추게 했다. '나 아니라도 누군가는 할 거야'라는 무심한 마음을 떨쳐내게 했다.

무엇을 남겼는지

패서디나에 있는 헌팅턴 도서관을 찾았다. 철도사업가이자 예술 애호가인 헨리 헌팅턴은 이십 세기 초에 많은 부를 축적하여 희귀한 도서를 모으고 정원을 가꾸었다. 그는 나라의 미래를 위해 업적을 쌓은 자라는 생각에 존경심이 우러났다. 자신을 위한 것보다 앞으로 펼쳐질 세계를 미리 내다본 애국자라고 할 수 있다.

안내자가 메이플 오리엔테이션 갤러리에서 헌팅턴에 관한 영상을 보고 가면 도움이 된다고 권했다. 도서관 정원 면적이 약 120에이커에 달할 만큼 방대하기에 돌아보는 순서도 안내해 주었다. 도서관 홀에 있는 갤러리부터 돌아 유럽피언 갤러리를 거쳐 선인장 정원을 돌고 릴리 연못을 지나 일본식 정원과 중국식 정원을 돌아보라고 했다.

먼저 도서관 홀 갤러리와 유럽피언 갤러리부터 가보았다. 거기에는 구텐베르크의 성경 본이 있고 희귀한 과학 도서와 셰익스피어의 도서와 편지글도 있었다. 악보도 있었으며 심지어 오래된 전구까지, 우리 삶과 연결된 것을 총망라하여 전시되어 있었다.

그가 수집한 서적과 서양 그림, 도자기와 조각도 둘러보았다. 그 시대 조각의 섬세함과 역사도 볼 수 있었다. 글을 쓸 수 있는 이층 테이블과 책을 읽을 수 있는 단층 테이블까지도 분리하여 만들어져 있었다. 유럽피언 갤러리를 빠져나와 나무에 새 둥지를 지은 작품 앞에서 사진을 찍었다.

도서관 앞에는 사람들이 풍경을 그리고 있었다. 그들을 바라보며 과연 나는 어떤 사람인지 생각해 보았다. 나는 여태껏 농부의 마음으로 한국어 씨앗을 이 미국 땅에 심었다. 나무 위 둥지 안에서 깨어난 새도 품고 돌봐야 하는 농부처럼, 나는 내가 뿌린 그 한국어 씨앗을 학생들이 정원사의 마음으로 가꾸어 열매 맺기를 기대하지 않았던가.

선인장 정원을 둘러보았다. 갖가지 선인장이 자리 잡고 있었다. 눈에 익은 것도 있고 처음 보는 종류도 있었다. 남편 키보다 더 큰 장대 같은 선인장, 가시가 많아 꽃이 필 것 같지 않은 선인장이 빨간 꽃을 품고 있었다. 솜털 같은 가시 선인장도 눈에 띄었다. 고슴도치선인장은 수박 크기의 줄가시 모양으로 둥글둥글 바닥에서 자태를 뽐내고 있었다.

다음은 릴리 연못으로 향했다. 연못 주변에 대나무 숲과 주황색 릴리가 조화를 이루었다. 연못을 벗어나니 일본식 정원이 나왔다. 벚꽃이 만개하여 얼마나 밝고 환하든지 환성이 터져 나왔다. 군데군데 고개 내민 진홍색 철쭉을 만나니 조국 산천을 만난 듯 반가웠다. 분재도 진열되어 있었다. 연못에서는 비단잉어들이 뻐금거렸다.

반듯하고 깔끔한 일본식 가옥을 지나 중국식 정원으로 향했다. 그곳은 거문고 연주와 한문 붓글씨 연습을 할 수 있는 공간이 있었다. 약재를 키우는 곳도 있었다. 연못에는 노랑과 분홍색 연꽃이 물결을 가르며 피어났다. 일본식과 중국식 정원에는 그 나라의 특징을 살려 다양한 식물과 꽃, 연못, 분수 등으로 화려하고도 아늑하게 꾸며져 있었다.

헨리 헌팅턴은 18세기 말 캘리포니아에 도착하여 철도 사업을 하면서 헌팅턴 주택을 궁전처럼 지었다. 그 후, 파리에 가서 육십 대에 아라벨라와 결혼하여 산마리노 시에 있는 이 헌팅턴 궁전으로 들어왔다고 한다. 19세기 초에 두 사람은 함께 재산을 보호하기 위한 법적 문서에 서명하고 '헌팅턴 라이브러리'라는 교육 연구기관으로 만들었다. 그로부터 팔 년 만에 헌팅턴이 죽고 아라벨라가 이 연구기관을 일반에게 공개했다고 한다. 그 후로 매해 칠십만 명이 방문하고 천여 개의 학교에서 많은 학생이 나들이하는 도서관이 되었다. 헌팅턴과 그의 아내는 수많은 연구자가 마음대로 연구하도록 길을 열어 준 선각자였다.

나는 과연 차세대들에게 무엇을 남겼는지에 대한 의문이 생겼다. 나는 헌팅턴 부부처럼 부유하지도 않다. 그 부부처럼 위대한 연구기관과 이름난 업적을 남기지는 못했지만, 세계 속에서 목사로, 의사로, 회계사로, 교사로, 약사로 활동하는 멋진 제자들을 남겼다고 자신을 위로한다. 오십여 년간 내 직업은 학생들을 가르치는 일이었으니까 한국어 유산을 남겼을까. 그것은 아니다. 내가 맡은 학생들 가슴에 한국어 씨앗을 조심스레 심었을 뿐이다. 그 씨앗은 내가 가르친 아이들이 품고 계속 키우고 있기를 바랄 뿐이다. 한국계 미국인의 정체성을 소중히 여기며 살아가고 있을 나의 제자들을 떠올린다. 그 씨앗이 자라 정원사가 된 제자들이 각자의 자리에서 가치 있는 열매를 풍성하게 거두고 있지 않을까.

그들이 각자의 위치에서 누군가에게 작은 빛이 되어 준다면 아마도 그건 내가 뿌린 작은 씨앗의 결정체인지도 모른다. 묵묵히 씨앗을 뿌리던 시간이 헛되지 않았음을 마음속에 새겨본다.

한국어 씨앗

가르치는 일은 지혜의 씨앗을 뿌리는 것이다. 나는 그런 신념을 갖고 신앙인과 교사로서의 삶을 열심히 살았다. 큰아들이 고등학교 3학년, 작은아들이 초등학교 5학년이 되던 해에 '어디에서 살 것인가'를 선택해야 할 갈림길에 서게 되었다. 미국 대사관에서 보낸 마지막 경고 편지를 받은 것이었다. 이번에 세 번째로 초청 이민을 거절하면 미국 영주권을 영원히 포기하라고 했다. 무엇보다 이주 결심을 도운 것은 두 아들의 더 나은 교육에 대한 열망이었다. 대학 졸업 후 서울에서 22여 년간 초등교육에 전념했다. 정년이 보장된 정든 교직을 뒤로 하고 이주하기로 마음먹었다. 사십 대 초반에 가족 이민 결정을 하자마자 여름 방학에 명예퇴직을 신청하고, 한 달 후에 한국을 떠났다.

1996년 9월, 포틀랜드 공항에서 내려 동생 집으로 달려가는 길은 잘 정비된 시골 분위기였다. 온통 짙은 녹색의 쭉쭉 뻗은 전나무와 높고 청명한 하늘, 신선하고 상큼한 공기가 나를 반겼다. 여동생은 우리 가족이 거처할 아파트를 자기 집 근처에 미리 구해 놓았지만, 살림살이가 없는 그곳에 들어가기까지는 보름이 걸렸다. 동생의 도움으로 하얀 포드 차를 사고 전화를 설치하고 가구를 장만하였다. 나는 작은아들의 업랜드 초등학교 입학허가를 받고 짐이 정리되는 대로 동생 집을 떠나 말이 통하지 않은 낯선 곳에서 홀로서기를 시작했다. 우리 가족이 거대한 미국 땅에 버려진 듯한 느낌이었다.

미국에 정착하기 위한 첫걸음은 영어를 배우는 일이었다. 고등학교 졸업을 한 후에 합류하라며 한국에 두고 온 큰아들이 석 달 뒤에 들어왔다. 모처럼 한 식구가 모여 지내게 되었다. 온 식구가 성인학교에서 영어 클래스 저녁반에 등록하여 6시부터 9시까지 공부했다. 한국에서 대학 입시 공부를 한 큰아들의 영어 작문이 제일 매끄러웠다. 5학년인 작은아들도 영어 발음을 빨리 습득하여 제일 먼저 입을 열었다. 온 가족이 성인학교 영어반에서 공부가 끝나면, 한국 사람이 운영하는 청소회사에서 밤 10시부터 새벽 1시까지 청소 일을 도와 일했다. 남편은 바닥 청소를 하다가 기계에 연결된 기다란 줄을 여러 번 끊어뜨렸다. 청소회사 주인이 화를 내며 당신들은 이곳에서 일할 사람들이 아니니까 이제 그만 나오라고 냉랭하게 말했다. 해고를 당한 것이었다. 남편이 일자리를 잃은 후 문득 나 자신을 되돌아보게 되었다. 내 마음을 알아주기라도 하는 듯 비가 주룩주룩 내리는 날. 이 낯선 땅에 나를 보내신 조물주의 계획은 무엇일까를 생각하며 훌쩍훌쩍 울었다. 가르치는 것에 대한 애착이 밀려왔다. 교사직에 대한 미련을 떨구어 버릴 수가 없었다.

때마침 여동생 친구의 소개로 오리건 한인회에서 운영하는 금요 한국학교에서 고급반을 맡아 가르치게 되었다. 고급반 학생에게는 제2외국어인 한국어를 가르칠 수 있었음에 매우 감사했다.

나는 생계를 위해 의료 기계 만드는 회사에서 간단한 시험을 통과하고 일하게 되었다. 한국과 미국의 삶을 연결하듯 실보다 더 가느다란 두 개의 선을 납땜으로 잇는 일이었다. 매일 모락모락 피어나는 실연기 속에서 똑같은 일을 반복하며 폐 건강을 해치고 시간을 낭비하고 있다는 느낌이 나를 섬뜩하게 했다. 다니던 의료회사를 그만두고 큰아들과 함께 대학에 가서 공부하기로 했다. 점심과 저녁 샌드위치를 네 개씩 싸서 20분을 걸어서 전문대학으로 향했다. 진단평가를 거쳐 ESL(English as a Second Language) 반에 들어갔다. 6개월 만에 ESL 코스를 끝내고 큰아들과 나는 학교 장학금과 입학허가를 받고 본격적인 대학 생활을 시작했다. 큰아들은 컴퓨터 관련 학과로, 나는 도서실 사서가 되기 위해 2년 반을 오로지 학습에만 전념했다. 아침 여덟 시부터 저녁 다섯 시까지 대학 도서실만이 우리의 유일한 학습공간이며 미래를 꿈꾸는 곳이었다. 처음에는 영어가 들리지 않아 반 친구들의 강의를 밤새 베꼈고, 어렵게 수업을 마치고, 2년이 지나 도서실에서 일할 수 있는 자격증을 받았다. 드디어 해냈다. 이젠 인턴 실습만 하면 된다. 오랫동안 기다리던 성공의 기쁨에 깃털처럼 훌훌 하늘로 날아갈 것 같았다.

한편, 남편도 일자리를 찾았다. 캘리포니아주 엘에이에 있는 직물회사에서 오라고 했다. 나는 그곳을 떠나기 싫었다. 이번에는 내 꿈을 이루어 당당하게 포틀랜드에서 살고 싶었다. 도서실에서 일하고 싶은 욕망과 가르치는 일에 대한 미련을 버리지 못한 채 우리는 떠나야 했다. 짐을 꾸리며 또 다른 정거장으로 떠나는 순례자가 되었다. 내 인생의 종착역은 어디가 될지 생각해 보았다. 아무런 연고자가 없는 엘에이로 남편을 따라 이주하며 눈물을 하염없이 흘렸다.

엘에이에 도착하니, 키 큰 팜 트리가 나를 위로하며 환영하듯 이파리 우산을 곱게 펼치고 있었다. 운전 중에 미국 공립 중고등학교에서 외국어로서의 한국어 교사가 되는 길을 알려 주는 강습 안내 방송을 우연히 듣게 되었다. 이곳에서 교사가 된다면 더 이상 바랄 것이 없다는 기대감으로 설레었다. 나는 가르치는 일을 결코 포기하지 못했다. 순수한 초등학교 아이들과 만나고 싶은 마음과 또한 한글의 우수성과 한국 문화를 전달하고 싶은 마음이 나를 굳건히 서게 했다. 먼저 토요 한국학교 교사 채용하는 곳에 이력서를 내고 인터뷰를 했다. 토요일마다 세 시간씩 주말 한국학교에 가서 우리글과 문화를 가르쳤고, 주일은 교회 부속 한국학교에서 중고등학생에게 한글과 한국 역사를 가르쳤다.

나는 주말 한국학교 교사로 가르치면서 미국 정규 중고등학교의 한국어 교사가 되어야겠다는 마음을 갖고 강습회에 참석하여 정보를 얻었다. 그 후, 캘리포니아 주립대학의 문을 두드렸다. 그 대학에 한국어 교사 양성 프로그램이 있었다. '뜻이 있는 곳에 길이 있다'라고 하지 않은가. 사십 대 중반의 대학 생활이 시작되었다. 그 대학에 한국어 교사 양성 프로그램으로 어려움 없이 전액 장학금을 받으면서 공부할 수 있었다. 오전에는 대학 근처 초등학교에서 세 시간씩 보조교사로 일하고 오후에는 대학에서 강의를 듣고 밤에는 도서실에서 공부했다.

먼저 CBEST(California Basic Educational Skills Test)를 통과하고 드디어 30여 학점이 넘는 캘리포니아 교사 자격증 코스(Credential Teaching Program)를 끝내고 정식 교사 자격증을 받게 되었다. 미국에서 이룬 두 번째 자격증이었다. 그동안 힘들었던 일이 감사와 기쁨으로 변했다.

2006년 8월부터 미국 정규 공립학교인 디비 고등학교에서 한국어를 가르쳤다. 이 학교는 약 7년 전에 한국어반이 개설되었고, 한국어를 듣고자 하는 학생들이 계속 늘어났다. 이 고등학교에는 약 삼천 명 정도의 학생들이 다니고 있는데 한국계 미국인 학생들은 약 10퍼센트 정도였다. 나의 목표는 이 학교에 다니는 한국계 미국인 학생들에게는 물론 타민족 학생들에게도 한국어로 소통할 수 있도록 지도하고, 한국의 문화와 역사를 바로 알게 하는 것이었다. 그와 더불어 한국계 미국인 학생들에게 한국인의 정체성을 심어 주는 데에도 주력하였다.

학기가 시작되면 한국어 1단계는 특수 제작한 그림 자석 카드를 이용하여 한글 자음과 모음을 익히고 글자를 조합하여 익히게 했다.

"기역은 Gate의 첫소리 그그그, 니은은 Nose의 첫소리 느느느, 디귿은 Door의 첫소리 드드드…."

모음은 몸을 일자로 만든 차렷 자세로 태권도에 구령을 붙이고 팔을 이용하여 획을 그리며 지도했다. "아, 야, 어, 여…."

또 한국 동요에 자음과 모음을 넣어 노래를 부르며 한글 스물넉 자를 익혔다. 4주가 지나니까 학생들은 단어의 뜻을 정확히 모르지만, 글을 읽을 수 있었다. 외국 학생들은 한글을 읽을 수 있다는 자신감에 한글 배우기에 열심이었다. 나 자신도 감탄하며 더욱 신바람이 나서 지도했다. 외국 학생들이 4주 만에 한글을 읽을 수 있어 큰 보람을 느꼈다.

한국어 2단계는 '두근두근 한국어' 드라마를 이용하여 문법을 자연스럽게 익히고, 듣고 말하기는 짝을 지어 연습시켰고, 한국어 3단계는 K-pop을 조별로 연습하여 영상을 찍어 실제로 케이팝 가수가 된 것처럼 발표하도록 했다. 그로 인해 한국 K-Pop이 학교 내에서 폭발적인 인기를 끌었다. 가수 싸이의 '강남스타일' 노래가 학교 곳곳에서 들렸다. "오빤 강남스타일 강남스타일, 오-오-오-오 오빤 강남스타일"

설날과 추석 때에는 한국 전통 음식과 전통 놀이를 통해 한국 명절을 지도했다. 윷놀이, 투호 놀이, 공기놀이, 굴렁쇠굴리기, 제기차기 등을 팀을 나누어 익혔다.

"도, 개, 걸, 윷, 모!" 학생들의 소리가 점점 커졌다.

제기 차는 쪽에서는 "하나, 둘, 셋…." 발 옆으로 차서 올리려 하지만 매번 제기를 떨어뜨려 교실 한구석에서는 웃음소리가 넘쳤다.

요리 시간에 만든 매콤한 떡볶이 냄새와 고소한 호떡 굽는 냄새가 학생들이 한국어반을 선택하게 하는 요인이 되기도 했다. 학생들은 떡볶이, 잡채, 송편, 호떡, 김밥, 배추김치와 깍두기 만들기 실습을 하면서 한국 음식에 많은 관심을 끌게 되었다. 또한 민화와 동양화, 부채 만들기, 족자 만들기, 한복 접기 등 아름다운 한국 전통 예술에도 접하도록 다양한 프로그램을 개발하였다. 오픈 하우스 때는 부채춤을 연습하여 발표하고, 한국의 전통 악기인 북을 이용하여 '88 올림픽 노래'와 한국민요 '아리랑'을 연주하고 '앞으로', '옹달샘', '파란 마음 하얀 마음' 등 아름답고 고운 한국 동요를 소개했다. 한국 문화에 흠뻑 젖어 잘 따라온 한국어반 학생들이 곳곳에서 한국어를 사용하고 한국의 아름다움을 널리 전했다.

"선생님, 한국어반 교실에서 오늘은 무엇을 배울까 기대하고 수업하러 와요."

하면서 재잘거렸던 학생들이 이 사회 각지각처에서 고등학교 시절의 한국어반을 그리워하고 있을 것으로 생각했다. 그동안 내가 가르쳤던 한국어반 학생들이 한국 문화와 역사를 바르게 인식하고 그들의 삶에 용기와 꿈을 실어 주어 살맛 나는 세상을 만들어 가길 기대했다.

2019년 6월에 고등학교 교사직에서는 은퇴했지만, 교회 부속 한국학교에서 계속하여 가르쳤다. 예기치 않은 코비드 19로 인해 학교가 문을 닫고 개인 외출도 금지되었다. 교회 문도 닫혔다. 왕관 모양의 돌기를 가진 코로나바이러스가 평범했던 삶을 가로막았다. 내가 교장으로 섬기고 있는 한국학교의 모든 교사는 대면 수업을 온라인으로 전환하면서 교사의 줌 사용 방법과 구글 클래스룸 운영 방법, 비대면 수업 기술 등을 배우려고 한국학교 연합회에서 주관하는 온라인 연수회에 참여했다. 학생의 한국어 수업 결손을 줄이기 위해 교사 연수회에서 배우고 익힌 것을 적용하도록 교사들을 격려했다. 이 주일에 한 번씩 줌을 이용한 교사 자체 연수를 통해 자료를 공유하고 실질적으로 활용하여 학생을 지도하게 하고, 함께 기도하며 힘을 다해 협력했다. 특히 문화반 수업을 위해 교감과 함께 일주일 동안 모은 자료를 가지고 한국의 전래 동화와 위인들에 관한 파워포인트를 제작하여 온라인으로 어린이들을 가르쳤다. 신앙교육과 더불어 한국어뿐 아니라 한국계 미국인으로서 정체성과 자긍심을 가지도록 노력했다. 한국학교 대면과 비대면 수업이 이 년 이상 지속되었지만, 아홉 명의 교사와 함께 지치지 않는 열정으로 한국계 미국 학생을 지도했다. 올해 6월, 어깨 수술로 인해 한국학교 교장직에서 은퇴하였다.

뒤늦은 나이에 미국으로 와서 씨 뿌린 한국어가 엘에이 땅에서 미국 전역으로, 더 나가 이 지구 끝까지 퍼져 나가서 풍성한 열매 맺기를 소원한다. 한국어반을 졸업하여 사회로 나간 수많은 학생의 마음속에 뿌리내린 한국의 언어와 얼과 문화와 역사가 다음 세대까지 이어지기를.

금요 한국학교 교사, 주말 한국학교 교사와 교장으로 27년, 고등학교 한국어 교사 생활 13년을 돌아본다. 그동안 한국어 교사로서 포기하고 싶고 힘들 때마다 좋은 동료를 만나 주어진 일을 잘 감당하고, 한국계 미국 학생을 위해 교단에 설 수 있었음에 감사한다. 낯선 이국땅에서 이민자로서 높은 언어 장벽과 불투명한 미래로 마주한 두려움과 근심의 거대한 풍파 속에서 만났던 모든 풍랑은 버림으로써 감사를 깨닫게 하기 위한 파도였음을. 한국어와 한국 문화 전수를 위한 값진 미래를 향해 서핑하듯 파도를 조심스럽게 타보리라.

*제14회(2023년) 국내 및 해외 한국어 교육자 체험 수기 공모전 입상작(재외동포청장상)

아버지를 그리며

　초등학교 3학년 때였나 보다. 아버지가 학교에 하얀 가운을 입고 오셨다. 매동초등학교 어린이들의 구강 검진을 위해서였다. 아버지는 치과의사였다. 그런 날은 온종일 학교에서 아버지를 만날 수 있었다. 나는 쉬는 시간마다 다른 교실을 기웃거리며 아버지 얼굴을 훔쳐보았다. 아버지는 겁을 먹고 미리 우는 어린이, 입을 벌리지 않고 진료를 거부하는 어린이에게 인내심을 가지고 치료하셨다. 전교생의 입안을 들여다보고 치료해야 할 부분을 건강기록부에 기록하시는 아버지가 자랑스러웠다.

　아버지는 일요일에는 서울 근교 저수지나 남한강에서 낚시를 즐기셨다. 어느 곳에 가든지 물만 보이면 낚시찌를 던지고 싶어 했다. 특히 매서운 겨울을 지내기 위해 통통히 살이 오른 가을 붕어 낚시는 아버지를 행복하게 했다. 잉어는 시각과 후각이 뛰어나고 시끄러운 소리와 불빛을 싫어한다고 했다. 낮에는 깊은 물속에서 놀다가 밤에는 얕은 곳까지와 밤에 많이 잡히기에 밤낚시를 즐기셨다. 경계심이 많은 잉어를 낚으려면 지구전을 펴는 인내심도 커야 했다.

겨울에 얼음을 깨고 낚시하던 아버지 모습도 아른거린다. 그런 날이면 나는 추워서 양지바른 볏단 옆에 앉아 햇볕을 쬐며 추위를 견뎠다. 식탁 위에 오를 맛깔스러운 붕어 튀김은 상상하는 것만으로 지루함을 달래주었다. 붕어가 한 양동이 잡히는 날은 어머니가 당근과 고추를 함께 다져서 밀가루로 반죽한 뒤 기름에 튀겨 만든 요리를 해주셨다. 밤새워 잉어를 잡은 것으로 푹 고운 뽀얀 국물을 우리는 보양식으로 즐겼다.

치과는 2층에 있었다. 그 안에는 진료실, 금니와 틀니를 만드는 기공실과 침실이 있었다. 아버지가 늦게까지 일하는 날은 그곳에서 주무셨다. 나도 토요일이면 아버지와 함께 지내곤 했다.

아버지가 밤낚시를 가신 어느 날 아침 일찍 병원에 가보니 문이 열려 있었다. 깜짝 놀란 어머니가 아래층 병원 문 앞에서 "도둑이야, 도둑이야!" 소리치자 검은 안경을 쓴 남자가 유유히 걸어 내려오더니 후다닥 달아나 버렸다. 나는 소름이 끼쳤다. 자석에 달라붙은 것 같이 몸을 움직이지도 못하고 한마디도 할 수가 없었다. 위험을 느낀 어머니도 그저 한 자리에 서서 그 도둑이 떠나가 주기만을 기다리고 계신 것 같았다. 계단 위에는 값나가는 치료 기구들을 가득 담은 검은 가방이 지프도 미처 잠그지 못한 채 나뒹굴어져 있었다. 다행히 잃어버린 물건은 없었지만 그 후로 우리 가족은 병원에서 교대로 잠을 자야 했다.

중학교 2학년 봄방학 때였다. 아버지는 무서움을 잘 타는 나를 담대하게 훈련시키려고 6학년인 여동생과 함께 병원에서 자게 했다. 우리는 밤새 무서워 잠을 못 자다가 새벽녘에 잠이 드는 날이 많다. 아침이 되었는데도 못 일어났다. 아버지는 우리를 깨우려고 창문에 빗자루를 던지기도 하고 현관문을 요란하게 두드리기도 했다. 한참 시끄러운 소리에 부스스 일어나서 문을 열어 주는 날이 많았다. 나는 아버지가 원망스러웠다. 병원에서의 밤잠은 고등학생이 될 때까지 계속되었지만 아버지가 기대하시던 담대함은 길러지지 않았다. 나는 지금도 무서움이 많다.

아버지는 고등학교 시절에 축구선수 팀에 있었다. 운동을 잘할 뿐만 아니라 기타도 잘 치셨다. 전축에 레코드판을 놓고 바늘 촉을 살며시 올려놓으면 경쾌한 음악이 흘러나와, 그 리듬을 타고 춤추며 기타 치던 모습이 잊히지 않는다. 아버지는 일을 끝내고 와서 우리와 함께하는 시간에는 합창곡과 가요를 들려주었다. 우리가 다툴 때나 시험을 잘 치고 오라고 격려하고 싶을 때마다 미군 부대에서 나오는 초콜릿으로 4남매를 달래곤 했다. 입시를 보러 가는 날은 은박지에 싸인 밀크초콜릿을 주셨다. 그 초콜릿이 나에겐 시험을 잘 치를 수 있는 에너지였고, 합격을 기원하는 찰떡이나 달라붙는 엿과 같은 의미를 담고 있었다. 나는 성인이 되어서도 자격증을 받기 위한 중요한 시험이 있는 날에는 아버지의 사랑인 초콜릿을 먹고 가는 습관이 있다.

'인내는 쓰다. 그러나 그 열매는 달다.' 아버지는 화선지에 세로로 붓글씨를 써서 치과 병원 기공실 안쪽에 붙여 놓았다. 나는 병원에 갈 때마다 그것을 읽었다. 아버지는 '사람을 대하든지 무엇을 하든지 참을성을 갖고 끝까지 기다리라'라고 일러 주셨다. 어려움을 견디고 기다리면 목적을 성취한 후에 기쁨이 따른다고 강조하였다. 어릴 적부터 들어온 아버지의 말씀이 내 좌우명이 되어 현재의 나를 있게 했다. 기쁨은 잠잠히 참고 견디는 고요한 기다림에서 나온다. 47년간의 교직 생활과 인연을 맺게 해준 것도 이 모토 때문이다. 지금은 공립학교 교사직에서 은퇴했지만, 아직도 나는 주말 한국학교 교사로 한국계 미국인의 정체성을 확립할 수 있도록 아이들의 성장을 인내하며 도와주고 있다.

첫 발령과 어머니

경대 위에 얹혀 있는 어머니의 사진으로 마음이 흐른다. 내 결혼식장에서 찍은 사진이다. 어머니의 연세는 쉰넷이셨다. 그때는 어머니의 우울한 표정을 이해하지 못했다.

대학 졸업 후에 미술과 교수님이 운영하시는 서실에 다녔다. 그해 3월에는 성적순으로 50명만 발령이 났다. 대학 내내 아르바이트에 시달렸던 나는 성적이 우수하지 않았다. 어떤 학교로 언제 배정받을지 모르는 기다림 속에서 지내던 날, 붓글씨를 연습하러 서실로 갔다.

그날 조선시대 김정희의 추사체인 행서를 걷는 듯한 느낌으로 연습하고 있었다. 나를 찾는 사람이 왔다고 했다. 나가보니 어머니였다. 어머니가 집에서 교사 발령 통지서를 받아 들고 기쁜 마음에 서실까지 가지고 오셨다. 4월에 발령이 났다. 나는 어머니와 집으로 돌아오면서 겨우 한나절도 못 기다리고 왜 왔느냐고 짜증을 내었다. 어머니는 나의 기쁨을 위해 세검정에서부터 그 먼 길을 한숨에 달려오셨건만. 지금 생각하면 철없던 시절이었다.

첫 학교에 발령받고 아이들을 가르쳤다. 같은 학교 동료 교사인 남자 친구를 3년 연애 끝에 어머니께 인사시키고 결혼 약속도 했다. 어머니는 예비 신랑의 나이가 나보다 일곱 살이 많다고 반대하셨다. 나는 반대에도 불구하고 다니던 교회 목사님의 주례로 YWCA에서 결혼했다. 결혼 당시의 어머니 사진이 내 눈에 들어온다. 사진 속의 어머니는 우울하고 어두워 보인다. 애지중지하는 딸을 탐탁하지도 않은 남자에게 시집보내고 얼마나 마음이 쓰리고 허전하셨을까. 이런 마음을 살아계실 적에 단 한 번도 생각해 보지 않았다. 어머니는 내가 큰아들을 낳고 여섯 살이 될 때까지 우리 집에 함께 계시며 손주를 돌보셨다. 나는 직장 생활이 바쁘다 보니 어머니를 잘 모시지 못했다. 그저 어머니의 끝없는 희생만이 내 기억 속에 남아 있다.

내 아이들이 어느 정도 자랐나 싶을 때 미국에 있는 여동생이 어머니를 모셔 갔다. 의과대학 공부하는 데 어머니의 도움이 필요했다. 어머니가 미국으로 이민 가신 지 12년 후에 우리 가족도 동생 초청으로 이민을 왔다. 미국에 와 보니 기대한 것만큼 생활이 녹록하지 않았다. 나는 먼저 대학교에 다니면서 영어를 익혔다. 그러다 보니 어머니께서 동생네 아이들은 물론 5학년이 된 나의 작은아들까지 보살피셔야 했다. 어머니는 두 딸의 아이들을 도맡아 키우시면서도 한 번도 불평하지 않으셨다. 직장 생활하는 동생 집에서 온갖 집안일을 하시면서 사위와 손주들을 챙겨 주셨다. 외손주가 고등학교 졸업할 때까지 돌봐 주셨다. 그 당시 나는 그런 희생을 당연한 것으로 생각했다. 지금 돌이켜보면 가냘픈 어머니를 아끼지 않았던 이기적인 딸이었다.

　남편이 엘에이로 직장을 옮겨서 정들었던 포틀랜드를 떠나야 했다. 우리 아이들이 모두 자라서 더 이상 어머니의 도움이 필요 없었지만, 어머니의 희생에 조금이라도 보답하리라는 마음으로 어머니를 모셔 왔다. 어머니는 이곳에서 사신 지 20년이 지난 작년 겨울에 돌아가셨다. 98세였다. 떠나가신 후에 그 자리가 얼마나 큰지 새삼 지금 느끼고 있다. 인간은 미련한 존재인가 보다. 이미 세상을 떠나신 후에 아무리 후회해 봐야 소용이 없다. 조선 시대 송강 정철의 연시조 〈훈민가〉에 있는 일부분이다. '어버이 살아실 제 섬기기를 다하여라/ 지나간 후면 애닳프다 어이하리/ 평생에 고쳐 못 할 일이 이뿐인가 하노라.' 이 시조가 간절하게 내 마음에 차 온다.

　아래층의 어머니 방은 그대로 있다. 덮으시던 분홍 실크 이불과 침대, 단아한 어머니 사진, 아이패드, 돋보기, 성경책이 눈에 띈다. 잠시 볼일 보러 나가서 곧 돌아오실 것만 같다. 어머니를 흐느끼며 불러 보지만 대답이 없다. 하늘나라에서 내려다보고 계시는 어머니께 죄송하다고 곱씹는 나를 용서하시겠지, 하는 마음으로 스스로 위로해 본다.

사랑은 사랑을 낳고

코비드로 인하여 온 세상이 단절된 채로 일 년을 살았다. 가족 외에는 아무도 만나지 못하니 한가한 날에는 나도 모르게 마음이 흘러가 만나는 사람이 있다. 고등학교 1학년 때의 국어 선생님이다. 유난히 곱슬거리던 머리를 가지런히 빗고 두껍고 무거운 국어사전을 들고 다니던 선생님이다. 허스키한 목소리로 역량을 다하여 수업을 준비하여 가르치던 모습이 여고 시절의 그리움과 함께 밀려온다. 열정적으로 우리를 지도하셨던 선생님의 많은 가르침 중에는 일기 쓰기도 있었다. 그것은 오늘날까지 나의 일기 쓰는 습관이 되었다.

벌써 52년이 흘렀다. 선생님 같은 훌륭한 분을 만난 것은 내게 행운이며 축복이었다. 선생님은 언제나 열정적으로 가르치는 모습을 우리에게 보여주셨다. 수업 준비하느라고 늦게 퇴근하는 선생님을, 학교 도서관이 닫히고 교정문을 나서기 전에 여러 번 만난 적이 있었기에 선생님의 흥미진진한 수업을 어서 받고 싶었다.

1학년 여름 방학 때 감로암에서 보내 주신 편지를 나는 아직도 가지고 있다. 빛바랜 그 답장을 여고 시절의 추억과 함께 일기장에 고이 간직하고 있다. 선생님은 나에게 건강한 몸으로 학업에 열중하라고 단정한 글씨체로 정성 들여 답장해 주셨다. 개학이 되면 더욱 실력 있는 선생님으로 태어날 것을 기대하라고 써 주셨다.

 선생님은 방황하는 나에게 인생의 의미를 깨닫도록 이끌어 주었다. 나의 미래를 설계하여 교사의 꿈을 이루도록 희망을 주며 답답한 현실의 청량제 역할을 해주셨다. 아버지가 고등학교 3학년 봄에 갑자기 돌아가신 후, 진로를 정하는 데에 결정적인 역할을 해주신 분이 선생님이시다. 마침내 바라던 대학에 입학했을 때 담임선생님이 아니었지만, 가정교사로 일할 수 있도록 소개해 주셔서 대학 졸업 때까지 학비를 충당할 수 있게 도와주셨다. 나의 어려운 가정형편을 속속들이 잘 아는 분이셨기에 어떤 곤경 속에서도 포기하지 않도록 힘써 격려하고 배려해 주었다.

 한국에서 이십여 년간 교사 생활을 끝내고 여동생 초청으로 미국으로 이민을 가게 되었다. 떠나기 전날, 어머니와 함께 선생님을 찾아뵙고 돌아서니 눈물이 왈칵 쏟아졌다. 미국 가서도 꼭 연락하리라고 다짐했던 때가 엊그제 같은데 벌써 25년이나 지났다. 그때의 선생님보다 훨씬 나이가 든 나는 지금도 스승의 날이면 어김없이 카드를 보내드린다.

 선생님은 여학생 시절에 지혜와 지식과 경험을 나누어 주신 스승이었고, 내가 어른이 되어서도 많은 도움이 되는 해박한 지식을 전수해 주는 스승이었다. 미국 공립 고등학교에서 한국어 교사로 재직할 때는 배우기 쉽고 유용한 문법책도 보내 주셔서, 제2 외국어로 한국어를 배우는 학생들을 가르치는 데에 실질적인 도움을 주었다. 또한 주말 한국어 교사로 재직하고 있는 지금까지도 한국계 미국인 학생을 잘 지도하도록 나의 질문에 적절한 답을 주셨다. 미국 이민 와서 그동안 잊혔던 한국 문법과 바뀐 맞춤법도 선생님께 배웠다.

　선생님은 이제 미수를 넘기셨는데도 당신이 읽고 감동한 글과 노년의 삶을 위한 은빛 영상을 이메일과 카톡으로 보내 주신다, 은퇴 후에도 목적을 가진 삶이 되어야 한다고 조언해 주기도 한다. 선생님은 여고 시절에 무엇보다도 야망을 갖고 주어진 삶에 도전해 보라고 강조하셨다. 그 가르침으로 흔들림 없는 목표를 세우고 장애물을 넘어 지금에 이르렀다. 선생님으로부터 받은 사랑과 지혜를 나의 제자에게 흘려보내는 것도 내가 해야 할 몫임을 깨닫게 해주셨다. 지금까지 나의 삶에 지대한 영향을 주신 선생님께 감사드린다.

　나는 매일 새벽 묵상의 시간에 스승과 제자들의 얼굴을 생각하곤 한다. 먼 훗날 누군가도 옛 선생님을 그리워하며 나의 얼굴을 떠올려줄까. 사랑이 사랑을 낳듯이 좋은 스승이 또 다른 좋은 스승을 낳는다고 믿고 싶다.

　오늘은 바람이 몹시 분다. 여고 시절 교정에서 흔들리던 샛노란 은행이파리에 선생님 얼굴을 그려본다. 오랜만에 진심으로 뜨거운 감사의 마음을 담아 손 편지를 써서 보내드려야겠다.

벌써 그립다

작년 7월 들어 어머니의 행동이 이상해지셨다. 날짜를 기억 못 하거나 저녁을 아침으로 자주 혼동하셨다. 심각한 고민 끝에 오리건주에 있는 동생을 불렀다. 팬데믹 중에도 마다치 않고 먼 길을 달려온 동생은 16년간이나 자신의 아이들을 돌보며 고생하신 젊은 시절의 어머니를 생각하며 눈물을 흘렸고, 나도 22년간을 우리 집에서 희생하신 어머니를 생각하며 울먹였다. 바쁘다는 핑계로 잘 모시지 못한 후회가 밀물같이 쓸려 내려와 내 마음을 사정없이 후려쳤다.

90세를 넘기며 어머니는 자주 넘어져서 갈비뼈에 금이 가거나 찢어진 머리를 꿰매는 일이 잦았다. 재활병원에 계시는 동안 온 식구가 어머니를 요양원에 모시자고 했으나 동생은 결사 반대했다. 동생이 도우미를 구하여 모든 비용을 치르겠다고 했다. 다행히도 홈케어의 단체를 통해 집 근처에 사는 도우미를 구했다. 도우미는 내가 직장에서 돌아올 때까지 하루에 여섯 시간씩 어머니와 말동무가 되어 주고 식사를 챙겨드리며 어머니를 돌보았다. 어머니는 그녀가 온 지 한 달이 채 되기도 전에, 방에 두었던 소중한 물건이 없어졌다고 하셨다. 결국 도우미는 발길을 끊었다.

어머니는 자주 동생에게 전화를 걸었다. 내가 어머니 방에 있는 이불과 수건을 가져가고, 밤에 잘 때는 형부가 들어와서 자는 모습을 지켜보니 무섭다고 하소연했다. 그것은 어머니의 울부짖음으로 들렸다. 마음이 무너져 내려앉았다. 쇠약해진 어머니가 이제는 믿었던 사람을 의심하고 환상을 보시는 듯했다. 주치의와 통화하였다. 방광에 염증이 있으면 치매 초기 증상이 온다고 하니 검사를 받아 보라고 했다. 검사 결과 어머니의 신장 기능이 안 좋았고 헤모글로빈 수치가 아주 낮아 일시적으로 정신적인 혼란(Mental Confusion)이 왔다고 했다. 다행히 약물치료와 반복적인 수혈을 통해 정상으로 돌아와서 얼마나 기뻤는지 모른다. 정신이 혼미한 어머니를 돌보고 휠체어로 병원에 모시고 다니는 내 아들은 정신적 육체적으로 얼마나 힘들까 하는 생각이 나를 괴롭혔다. 몸이 약한 나 대신 무거운 짐을 지고 있는 큰아들을 생각하면 마음이 아려온다. 우리 네 남매를 키우고 손주까지 정성스레 길러 주고 당신의 몸을 아끼지 않고 희생한 어머니시다. 모두가 힘겹지만, 모셔서 그 은혜를 보답해야 한다며 마음을 다잡곤 했다.

어머니는 1923년 서울 종로구 당주동에서 태어나셨다. 당시는 우리 국민이 일본의 통치를 받고 있었던 때다. 어머님은 동명여고를 나와 서울 남대문 상업은행 본점에 근무했다. 그러나 1941년 일본과 연합국 사이에 태평양전쟁이 일어나 충북 옥천으로 피난을 갔다. 해방되던 1945년에 치과의사와 결혼하여 슬하에 네 남매를 두셨다.

노년이 된 어머니의 일과는 시계와 같았다. 6시 아침 기도, 8시 아침 식사, 식사 후에 커다란 돋보기로 성경과 신문을 큰소리로 내어 즐겨 낭독하고 신문에 실린 영어를 빠짐없이 공부했다. 틈이 날 때마다 식구들의 집 주소와 생일을 일일이 외웠고, 12시 점심 식사 후에는 아이패드로 방송 설교와 한국 소식을 일일이 들으셨다. 몸이 불편하여 교회에 가지 못했을 때는 주보를 빠짐없이 읽으셨다. 저녁 5시에 식사를 하신 후 TV 뉴스를 보고 일찍 주무셨다. 매 식사 후에는 손자와 함께 거실을 한 바퀴씩 돌며 운동을 하셨다. 평생 자손들을 위해 기도하고, 쉬지 않고 배움의 길을 걸으며 규칙적으로 생활하셨던 어머니를 존경하고 사랑한다.

어머니는 늘 자식들을 위해 기도하셨다. 98세까지 건강히 살다가 천국으로 가기 나흘 전부터 아무것도 잡수시지 못하셨다. 소천하던 날 오전에 정 목사님과 사모님께서 방문하여 예배를 인도하셨다. 큰사위, 막내딸, 손자 규, 욱이와 함께 예배를 드린 후에 얼마 있다가 하나님의 부르심을 받았다.

어머니의 유품을 정리하며 '하늘을 우러러 한 점 부끄럼이 없이 살겠다'라는 윤동주의 서시를 암송하신 기록을 보았다. 백 번 듣는 것보다 한 번 보는 게 낫고, 백 번 보는 것보다 한 번 깨우침이 낫고, 백 번 깨우침보다 한 번 행함이 낫다고 기록해 놓으신 것도 발견했다. 어머니가 좋아하시는 성경 구절은 시편 23편 6절이다. 기도문 중에는 '주님, 주님은 선하시고 인자하십니다. 내가 여호와의 집에 영원히 살겠습니다.'라고 적혀 있었다. 어머니의 기도문처럼 나도 여호와의 집에 이를 때까지 늘 말씀을 암송하겠다고 다짐했다.

 돌아가시기 전에 한국에서 방문한 큰오빠하고 작은오빠와 두 달 동안 함께 지내서 어머니는 많이 행복해하셨다. 지금은 보드라운 어머니 뺨에 비빌 수도 없고 가냘픈 손을 만질 수도 없어 콧마루가 찡해 오는 그리움으로 눈물이 왈칵 쏟아진다.

 어머니와 손잡고 교회에 가던 때가 매우 그립다. 우리는 어머님의 사랑을 잊지 못하고 육체의 이별을 슬퍼하지만, 천국 소망을 갖고 열심히 살려고 한다.

 어머니가 돌아가시고 이틀째 되는 날, 큰아들의 꿈에 하얀 옷을 입고 광채가 나는 환한 얼굴로 웃으며 나타나서 함께 놀았다고 한다. 틀림없이 어머니께서는 소원하던 대로 고통과 아픔이 없는 천국에 가셔서 영원한 안식을 누리고 계시리라 확신한다.

 매일 아침 출근하기 전 침실용 변기를 치워드리려고 방문을 열면, 변함없이 작은 책상 앞에 앉아 고개 숙여 기도하시던 모습. 그 모습이 참으로 그립다. 이제는 외출 후에 돌아와도 반갑게 맞아주는 분이 안 계셔 허전하고 외롭다.

 그리운 어머니, 보고 싶습니다. 아주 많이 사랑하고 고맙습니다!

아버지와 곶감

아들이 곶감을 사 들고 왔다. 아들은 곶감을 먹을 때면 할아버지가 생각났다고 한다. 할아버지는 아들이 태어나지도 않을 때 돌아가셨으니까 앨범 속의 할아버지, 이야기 속의 할아버지로만 존재하는 분인데도 마치 함께 시간을 보낸 듯 가까이 느껴지는 모양이다.

내 기억 안에도 아버지가 서울 종로구 적선동에서 치과의사로 개업하고 계셨을 때의 모습이 흑백 사진으로 남아있다. 아버지는 서울대 치과대학교 전신인 경성 치과의학 전문학교에서 치과 전문의 자격을 받고 군의관으로 근무하다가 개업하셨다. 치과에는 그 당시 할머니가 다니는 절에서 스님들이 많이 오셨다. 아버지는 그들에게는 진료비를 받지 않았다. 아마도 아버지는 시주를 받으며 살아가는 스님은 경제적으로 어려울 거로 생각하셨으리라. 공짜 치료를 받기가 미안했던 스님들은 절에서 정성스럽게 직접 깎아 말린 곶감을 한 보따리씩 가져오곤 했다. 초등학생이었던 나는 학교가 끝나면 병원으로 갔다. 진료실 끝에는 일본식 돗자리가 깔린 방이 하나 있었다. 내가 엎드려서 숙제하고 쉴 수 있는 다다미방이었다. 어머니는 간호사처럼 아버지를 돕고 계셔서 집에는 아무도 없었기 때문이기도 했다.

스님이 치료받는 동안에 나는 스님이 가져온 곶감을 셀 수 없을 정도로 많이 먹었다. 그 곶감은 지금도 입안에서 촉촉하고 보드랍게 녹아 어린 시절 속으로 들어가게 한다. 먹는 것에 욕심이 없었던 나인데 그 곶감만큼은 예외였다. 어머니가 시장에서 사주신 곶감은 스님이 가져온 것과는 비교가 안 되었다. 시장에서 사 온 곶감은 색이 거무칙칙하여 밝은 주황색을 띠지 않을 뿐 아니라 겉에 하얀 분이 너무 많았다. 부드럽지도 않아 먹고 싶지 않았다. 내가 성인이 되어 한국을 떠나온 이후로 곶감의 맛을 잊어 버렸다.

아버지는 책임감과 의지가 강하여 계획한 모든 것을 꼼꼼히 점검하는 분이셨다. 환자들의 이를 본떠서 직접 만들고, 만든 그 이를 본뜬 틀에 넣어보고 몇 번이나 점검하여 맞추는 작업을 하셨다. 나는 아버지가 환자들에게 원래의 이처럼 꼭 맞게 해주려고 애쓰는 모습을 매일 밤 보고 지냈다. 병원 한 귀퉁이에 있는 기공실 벽에 '인내는 쓰다. 그러나 그 열매는 달다'라고 적힌 글귀를 하루에도 수없이 읽으며 자랐다. 나는 생각나는 대로 아버지의 살아가는 모습을 아들에게 전해 주었다. 곶감 이야기는 물론이다.

아들이 중학교 3학년 때의 일이다. 3학년은 교복이 아닌 사복을 입고 다녔다. 화장실 앞에서 사복 입은 학생이 교복 입은 두 학생을 괴롭히고 있는 장면을 본 아들은 다가가서 그만하라고 말렸다. 그래도 말을 안 듣자, 왼손 주먹으로 얼굴을 쳤는데 그만 그 학생의 이가 부러지고 말았다. 그 사고로 하급생을 괴롭히던 학생의 이를 치료하고 보상해 주느라고 남편은 많은 돈을 주었다. 아들은 손등이 찢어져서 다섯 바늘을 꿰맸다.

그날 저녁에 왜 그런 행동을 했는지 아들과 이야기할 시간을 가졌다. 아들은 "생각해 보니 내가 간섭하여 때릴 일이 아니었어요. 두들겨 맞는 아이가 불쌍해서 참지 못하고 어리석은 행동을 했어요."라고 울먹였다. 그 순간 기공실 벽에 붙어 있던 글귀가 생각나 "현실에서 겪는 일에 참는 것이 힘들지만 견디고 나면 스스로 잘했다고 생각하게 될 거야." 하며 아들을 달랬다. 내가 들려준 아버지의 이야기가 아들 삶에 교훈이 되어 자신의 정체성을 찾고 삶을 지탱하는 데 커다란 힘이 되었구나 싶었다.

아들이 사다 준 곶감을 매일 하나씩 먹으며, 나는 아버지의 이웃 사랑을 떠올린다. 말랑말랑하고 뽀얀 분이 듬성듬성 앉아 있는 주황색 곶감. 이웃을 향한 사랑의 대가로 받은 그 곶감은 어린 시절의 이야기 속으로 나를 빠져들게 하는 요술도 부린다.

괴짜 신랑

 나의 신랑은 괴짜다. 내가 처음 발령받은 학교에서 만났다. 그때 나는 5학년을, 남편은 6학년을 맡아 가르쳤다. 어느 날 방과 후 다음 날 수업 준비를 하려고 책상에 앉았는데 한 아이가 손에 뭘 쥐고 교실로 들어왔다. 위층에서 내려온 6학년 어린이였다. 의아해서 쳐다보는 내 앞에 내미는 손바닥에서 하얀 생쥐가 튀어나왔다. 만화 속의 쥐였지만 보는 순간 너무 놀랐다. 이층 선생님이 보냈다는 확신이 든 나는 후다닥 그의 교실로 올라가서 따지듯이 물었다. "생쥐를 왜 내려보냈어요? 정말 괴짜네요!" 그의 답이 엉뚱했다. "그 아이가 신임 교사니까 놀려 주려고 그랬나 보네."
 이후로 그는 과거에 맡았던 5학년 학습 교재와 참고가 되는 교사용 교재를 내게 보냈는데 모두가 사용하지 않은 새것이었다. 도대체 뭘 가지고 아이들을 가르쳤는지 참으로 의심스러웠다. 어떤 날에는 가느다란 새끼로 묶인 통마늘을 내려보내기도 했다. 호감이 가지 않는 별난 남자였다.
 이듬해 봄날, 우연히 계단에서 만난 그가 저녁을 사겠다고 하면서 종로 찻집에서 6시에 만나자고 했다. 얼떨결에 대답하고 나갔는데 어느새 그는 이발소에 들러서 박정희 대통령 앞머리 스타일보다 더 높이 머리를 붕 띄우고 나왔다. 키가 나보다 더 크게 보이고 싶었나 보다 생각하며 혼자 푸하고 웃었다. 그는 대학원 재학 중이고 앞으로 사업을 하겠다는 비전이 있었다. 생각한 것보다 꿈이 있는 건전한 남자로 여겨져서 그와 사귀게 되었다.

다음 해 그는 교사직을 사임하고 자수 섬유 무역회사로 자리를 옮겼다. 일 년 후에 그는 내가 다니는 교회 목사님께 세례를 받고 우리는 목사님의 주례로 결혼식을 올렸다. 나는 낮은 굽의 구두를 신고 머리 위의 하얀 프리지어꽃도 나지막하게 장식했다.

결혼 후에 우리는 학교에서 5분 거리에 있는 잠실 아파트를 얻었다. 동네 시장에 들르면 학부모와 우리 반 아이들을 자주 만나 자유롭지 못했다. 신혼 시절을 그곳에서 보내면서 큰아이를 낳고 학교에서 15분 정도 떨어진 곳으로 이사를 했다. 남편은 무역회사가 계속 발전하여 중동으로, 유럽으로, 미국으로 발바닥에 날개 달린 바퀴를 달고 다니듯이 출장을 다녔다. 한국에 있는 날이면 거의 통금 시간이 되어서야 들어왔다.

비가 오는 여름날이었다. 늦게 열쇠를 돌리고 문이 열리는 소리가 들렸지만 나는 꿈쩍도 안 하고 있었다. "들어가시죠." 낯선 목소리가 방안으로 넘어왔다. 무슨 일인가? 갑자기 긴장감이 느껴져 나는 잠옷 차림으로 뛰어나갔다. 남편은 목발을 짚고 서 있고 같이 온 동료는 그를 부축하고 있었다. 가슴이 철렁했다. "무슨 일이에요?" 내가 묻자 "큰일 날 뻔했어요. 비가 와서 택시를 잡는데 그 차가 부장님 다리를 살짝 치고 달아났어요. 구두는 멀리 날아가 버렸어요." 함께 온 직원이 말했다. 일 초의 간격으로 신랑이 피하지 않았더라면 사고를 당했을 것이라고 설명했다. 바지한 쪽에는 선명한 바퀴 자국이 남아 있었다. 동료가 돌아간 후에 남편은 차에 치이는 순간 누구보다도 나와 아들 얼굴이 동시에 떠올랐다고 했다. 종아리에 타박상만 입고 치료 받은 것에 나는 오히려 감사했다.

남편은 새 차를 구매하게 되었는데 대치동에서 장안동까지 1시간 이상 운전을 해야 했다. 밤 근무로 피곤함에 시달리면서도 회사 일에 목숨을 건 사람처럼 일했다. 어느 날 졸음운전으로 앞 차를 들이받고는 정지하기는커녕 그 차를 연거푸 한 번 더 들이받았다고 했다. 다행히도 상대방 차 운전자가 차에서 내려서 "아저씨, 한 번이면 됐지, 왜 두 번씩이나 받아요? 괴짜네요!"라고 농담하더란다.

어느 날 자수 원단을 사우디아라비아의 구매자가 요구한 기한에 맞추어 배에 실어야 했다. 야간작업까지 했지만, 일이 진척이 없어서 급한 마음으로 화장실에 가서 간절히 기도를 드리고 나왔다. 그날 신랑은 기적을 체험했다. 생각지도 않았던 도움이 있었다는 것이었다. 전도하러 나온 신학생의 도움으로 부산까지 운송되어 배에 실을 수 있었다. 그가 간절히 기도한 것이 눈 깜짝할 사이에 이루어졌다며 간증했다.

그는 미국에 이민해 온 후에 샌드위치 배달도 해보고, 건물 청소도 했다. 어느 날 한국에서 함께 근무했던 부하직원이 무역회사를 설립하여 남편에게 엘에이 지사장직을 맡아달라고 했다. 그 덕분에 우리 가족은 오리건주에서 캘리포니아주로 이사를 오게 되었다. 이십여 년간 볼리비아, 과테말라, 브라질, 파라과이 등 남미와 무역을 하다가 한국에서 들어온 사장 동생에게 회사를 넘겨주고 명예롭게 은퇴하였다. 지금은 식물원에서 각양각색의 나무를 돌보고 온실에서 모종을 심어 가꾸는 일을 한다.

  처음 만났을 때 별난 사람이라고 생각했던 남편이 성실히 일하면서 인맥을 쌓고 사회생활을 잘해 와서 고맙다. 그와 45년을 함께 살았고 앞으로도 그를 의지하며 사랑할 것이다. 씨실과 날실로 천을 엮어 내듯이 성실과 기적으로 이루어 낸 그의 괴짜 인생에 박수를 보낸다.

사랑하는 며느리 첫 생일에

지난 연말이었다. 심각하게 말문을 여는 아들의 표정에 우리는 진지해졌다. 대학을 졸업하고 컴퓨터 프로그래머로 일하고 있는 아들이 마냥 대견했는데 이제는 또 어떤 소식으로 우리를 기쁘게 해 줄까. 내심 기대하는 마음도 있었다. 결혼하겠다고 했다. 12년이라는 긴 세월을 오직 한 아가씨만 바라보고 있더니 드디어 결혼하는구나. 그날 우리 부부는 춤이라도 추고 싶었다.

아들이 샌디에이고에 둥지를 튼 지 몇 달 만에 며느리의 생일이라는 연락이 왔다. 결혼 후 맞는 첫 생일이다. 아침부터 남편과 나는 120마일이나 떨어진 것도 마다치 않고 아들네를 향해 달렸다. 차 트렁크에는 목걸이와 정성껏 끓인 미역국, 남편이 뒷마당에서 애지중지 키운 갓으로 담근 갓김치가 실려 있다. 갓김치는 며느리가 가장 좋아하는 음식이기에 맛있게 먹는 모습을 떠올리는 것만으로도 미소가 지어졌다.

남편이 운전하는데 초행이라 긴장해서 그런지 아니면 아들이 보고 싶어서 그런지 나는 눈이 시리고 뻑뻑했다. 그곳에 도착하고 보니 공기와 하늘이 달랐다. 풋풋한 바다 냄새와 청명한 하늘이 나를 반기었다.

　아들이 마중을 나왔다. 아파트로 들어가니 신랑 신부의 사진이 살포시 웃으며 인사를 한다. 며느리가 퇴근하기 전에 아들이 '카미노 디 라 레이나(Camino de la Reina)' 동네를 보여준다고 하면서 코스코, 한국 마켓, 카이저 병원, 백화점, 음식점, 교회 등 살기 좋은 동네임을 과시하면서 우리를 데리고 다녔다. 집 가까이 모든 편의 시설이 모여 있었다. 그렇지 않아도 은퇴를 한 지금 어디로 이사를 할까 고심하는 중이었는데 갑자기 이곳으로 오고 싶은 마음이 들었다. 게다가 아들 내외와 가까이 산다면 컴퓨터나 프린터가 고장 나도 전혀 걱정이 안 될 거라는 생각이 들어 속으로 웃었다.

　파리바케트에서 딸기 케이크를 사고 셰이크 앤 색에서 버섯, 치킨, 베이컨, 비프 햄버거를 사 왔다. 생일 축하 노래를 끝내고 내가 즐겨 착용했던 호박 보석 목걸이를 꺼냈다. 보석 주위에 작은 다이아몬드가 박힌 목걸이를 걸어 주며 내 며느리가 되어 줘서 고맙다고 했다. 긴 세월을 기다려 준 그녀가 안쓰럽고 귀하게 다가왔다.

　밤에는 '모가디슈' 영화를 보았다. 소말리아 내전으로 인해 남한 대사가 북한 대사의 가족을 돕는 사건이 중심이었다. 서로의 이념적 대립을 극복하며 하나가 되어 위기 상황에서 탈출하는 장면이 생생하게 나타나 있다. 철저한 기독교 집안과 전통적인 불교 집안에서 자란 아들과 며느리도 각자의 신앙을 존중하며 하나가 되어 아름다운 가정을 이루기를 소원해 본다. 아들의 왼팔을 잡고 옆에 앉아 있는 그녀의 다정한 모습을 보니 문득 지난날의 어려웠던 시간이 꿈이었던 양 아득히 떠오른다.

30여 년 전이었나 보다. 지혜를 구하기 위해 솔로몬이 양 일천 마리를 잡아 하나님께 드렸다는 일천 양의 번제를 생각하며, 1994년 1월부터 큰아들을 위해 천일 동안 새벽 제단을 쌓기 시작했다. 그것은 새벽 기도를 생활화하기 위한 나 나름의 방편이기도 했다. 대학 입시 전에 기도를 마치리라 시작했는데 계획과는 달리 1996년 9월 미국으로 이민을 가야 할지 결정해야 할 일이 생겼다. 그동안 미국에 있는 동생이 가족 초청한 것을 차일피일 미루고 있었기에 이번이 우리 가족에게는 마지막 기회였다. 세 번째인 이번에도 포기하면 이민을 포기해야 했다. 고등학교 3학년인 아들은 큰댁에서 지내다가 졸업장만을 받고 미국에 와서 대학에 입학하는 것이 최선책이라고 생각하였다. 우리의 이민은 아들에게 폭넓은 미국 교육제도 안에서 그의 꿈과 능력을 펼치는 기회를 주기 위한 결정이기도 했다. 일천 번제 마지막 열흘을 남겨 놓고 큰아들을 제외한 온 식구가 이민 길에 올랐다.

미국 오리건에 도착하여 동생이 다니는 포틀랜드 연합감리교회에 등록하였다. 한국에서 하던 새벽기도의 일천 번제를 그곳에서 마치고 다시 두 번째의 천일 새벽기도에 도전했다. 그러는 중에 큰아들이 왔다. 우리는 먼저 언어를 배워야 하겠기에 ESL(English as a Second Language) 클래스에 들어갔다. 아들은 일 년 동안 노력한 보람이 있어서 컴퓨터 사이언스 클래스를 들을 수 있게 되었다. 그곳에서 2년간의 과정을 마치고 4년제 대학인 주립대학에 편입하였다. 지금 생각하면 아들이 어떻게 그 어려운 시기를 잘 견디어 냈는지 감개무량하다. 끊임없는 기도와 꿈을 이루고자 하는 아들의 의지가 기적을 불러온 것이라고 믿는다.

잠자리에 드니 한국에서 고등학교를 막 졸업하여 이민 온 아들의 앳된 모습과 학업에 열중하던 그 시절이 주마등처럼 스치고 지나갔다. 언어도 통하지 않은 낯선 이곳에서 밤새우며 영어와 씨름했던 지난날을 회상하니 감사하지 않을 수 없다. 다음날 온라인 새벽예배를 드리고 미션 베이로 산책하러 나갔다. 많은 사람들은 운동하고 이름 모르는 까만 새와 갈매기는 한가로이 풀밭 위에서 먹이를 찾고 있었다. 푸른 하늘이 바다 위에 떠 있고 늘씬한 팜 나무가 하늘과 물속에 잠겨 있는 모습이 인상적이었다. 투명한 바닷물 속에 비친 그 모습에 물속으로 들어가고 싶은 충동도 일어난다. 조금 더 걸어가니 가족이 함께 타는, 19세기에 유행했던 탠덤 자전거를 빌리는 곳이 있다. 손주들이 오면 타보고 싶다.

미션 베이 공원을 뒤로하고 라호야 비치로 향했다. 확 트이는 바다를 보리라는 기대를 하고 달려갔다. 오른쪽으로 접어들자 거대한 바다가 넘실댄다. 밀려오는 파도 소리와 부서지는 하얀 거품이 지난 2년간의 답답함과 두려움을 말끔하게 씻겨 준다. 갈매기들이 날아다니고 따오기와 다람쥐가 친구와 먹이를 찾으며, 바다표범(물범)이 보드라운 모래 위에 여럿이 엎드려 있다. 한 마리가 살그머니 기어서 모래 위에 긴 줄을 남기며 바다로 들어가서 수영을 즐긴다. 한가롭고 평화로운 전경이 펼쳐진다. 우리는 출렁이는 바다와 물범을 더욱 가까이 보고 싶어서 좁고 기다란 다리를 향해 걸어 나갔다. 다리 밑에는 바다 한가운데에서부터 밀려온 미역과 해초가 얼굴을 내밀고 있다. 거센 파도에 휩쓸리어 온 물거품으로 인해 자연 동굴도 형성되어 있다. 밀려오는 시원한 파도 소리를 귀에 담아 두고, 아쉽지만 그 자리를 떴다.

  이틀간의 여정을 마치고 다시 120마일을 달려 일상으로 돌아오며 나는 속으로 일천 번제로 새벽 제단을 쌓으며 기른 사랑하는 아들을 축복한다고 되뇌인다. 강물이 흐르고 흘러 드넓게 펼쳐진 하나의 바다를 이루듯이 아들 부부가 한마음이 되어 건강하게 백년해로하기를 빌어 본다.

한마음으로

　야생화를 보러 안자 보레고 공원(Anza-Borrego Desert State Park)으로 갔다. 우리 가족은 모두 콜로라도 사막에 있는 캘리포니아 주립공원으로 향했다. 원래 계획은 부활절 방학에 가기로 했지만 한창 야생화가 피기 시작한 때를 놓칠 수가 없었다. 아침에 냉동 김밥을 데워 먹은 후 나는 포도와 바나나를 밴 안에 넣었다. 두 며느리가 한마음이 되어 스낵을 준비하고 음료를 준비하여 차에 실었다. 작은며느리는 두 손주와 맨 끝자리에 앉았다. 그들이 멀미할 것 같아 걱정되었다.
　하늘을 올려다보니 보이지 않는 손이 거대한 붓으로 하얀 구름을 그리고 있었다. 들판은 싱싱한 초록빛으로 물들었고 엘시노어(Elsinore) 호수는 잔잔했다. 인디오가 사는 곳에 다다르니 돌산이 엄청나게 많았다. 마치 누군가가 돌을 주워다가 한마음으로 옮겨 놓은 듯했다. 그곳에는 포도밭이 넓게 펼쳐졌다.
　안자 보레고 공원에 도착했다. 회색 사막 해바라기와 오렌지색 캘리포니아양귀비가 운동회의 체조 물결처럼 일사불란하게 파도치며 눈을 유혹한다. 모래언덕 달맞이꽃은 하얀 달이 떠 있다고 착각하게 하고 청순한 꽃잎으로 '달을 맞이하고 있나 보다'라는 생각을 들게 한다. 광활한 사막에 피어난 야생화 자줏빛 버베나, 진노랑 브리틀 부쉬, 하얀 나비 같은 사막 달맞이꽃이 바람에 흔들렸다. 버베나는 작고 둥근 모양의 꽃들이 길고 가느다란 줄기 위에 떠 있고 아름다운 꽃대를 이룬다. 여러 개의 꽃이 둥글게 모여 한마음으로 손잡고 있다. 마치 두 며느리의 마음처럼.

큰며느리와 작은며느리는 돼지띠 동갑내기다. 서열을 따지지 않고 친구처럼 하나가 되어 매사 의논하여 집안 행사를 챙긴다. 설이나 추수감사절에는 내가 음식을 준비하지 않아도 둘이 함께 나누어 가져온다. 각자 집으로 돌아갈 때는 남은 음식을 한결같은 마음으로 서로 챙겨 주는 모습을 보며 다정한 친구로 착각하기도 했다.

한낮의 해가 뜨겁다. 작은며느리가 자외선을 막아주는 하얀 양산 세 개를 차 안에서 꺼내 왔다. 나에게 양산 한 개를 준다. 며느리 둘이 그 양산을 펴서 잇대어 걸어가는 모습이 마치 버베나꽃이 속에서 줄기를 받치는 듯했다. 마음속으로 두 며느리가 시샘하지 않고 한마음으로 서로 의지하며 도와주기를 바랐다.

듬성듬성 보이는 하얀 흙이 길을 내주었다. 야생화 속을 걷다 보니 주먹만 한 구멍이 보였다. 손주가 물었다. "방울뱀 집이야? 두더지 집이야 아니면 빨간 개미집이야?"

그때 노랑꽃 밑으로 선명한 주황색 줄무늬 꽃뱀이 지나갔다. 주변 모습과 유사한 모습으로 나타난 가느다란 새끼 뱀은 이곳을 찾은 모든 나들이객에게 보이고 싶었나 보다. 몸을 길게 늘이고 혀를 날름거렸다. 손자는 그 뱀에게 다가가서 자세히 보려고 했다. 손녀는 무서운지 뒤로 물러났다. 며느리 둘은 껴안으며 서로를 붙들고는 부리나케 도망갔다. 중국 방문객이 몰려와서 방울뱀이라고 소리쳤다. 이곳에 오기 전 TV 뉴스에서 야생화가 피는 곳에 나타나는 방울뱀을 조심하라면서 방울뱀을 보여주었는데 그 칙칙한 모습과는 전혀 달랐다. 손주에게 방울뱀은 아니라고 설명하면서 그곳을 빠져나왔다. 우리 가족은 황금빛 꽃이 만개한 쪽으로 이동하여 사진을 찍고 차에 올랐다.

그곳을 벗어나 집으로 가는 길에는 모래사막에서 피어난 야생화가 눈앞에 아른거렸다. 봄이면 한마음으로 꽃대에 많은 꽃을 피워내는 버베나와 각양각색의 야생화가 어우러져 꽃물결을 이루는 이곳에서 자연의 변하지 않는 진리를 다시 깨달았다. 야생화는 꽃이 피고 지기를 반복하며 묵묵히 다음 봄을 기다리지 않는가. 두 아들 가족도 같은 마음으로 서로 의지하며 어려움을 이겨내며 살아간다면 행복이 꽃피지 않을까.

팜 스프링 근처에 있는 음식점에서 저녁을 먹으면서 가족의 얼굴을 바라보니 하루 종일 걸었는데도 모두 활력이 넘쳤다. 내 인생에도 해가 거듭된 수록 모두 한마음으로 똘똘 뭉쳐 더욱 사랑하며 날마다 활기가 넘치기를 기대한다.

진짜 가족

25년 전 타주에서 이주하여 집 근처에 있는 글렌데일 연합감리교회로 처음 나갔다. 교인들은 정다운 인사와 미소, 정성 가득한 식사로 우리 가족을 환영하였다. 따뜻하고 사랑 넘치는 분위기 속에 차차 동화되어 우리도 신나고 살맛 나는 가정으로 조금씩 변화되고 있었다. '항상 기뻐하라, 쉬지 말고 기도하라, 범사에 감사하라.'는 데살로니가전서 5장 말씀이 우리 삶의 중심이 되었다. 참 좋은 교회, 건강한 교회로 인도하신 하나님께 감사드렸다.

새 가족반을 마치고 얼마 지나지 않아 남편은 볼리비아 선교를 지원하는 샘터의 구역장인 샘터지기를 맡았다. 샘터원들은 강 집사, 박 권사, 김 집사, 이 집사, 황 집사 가정, 그리고 우리 가정까지 모두 여섯 가정이었다. 매주 금요일 저녁 9시에 모였다. 이 중 세 가정은 마켓과 가게를 하는 가정이라서 가게 문을 닫고 오면 10시가 다 되었다. 식사를 나누고 찬송하며 말씀을 나누다 보면 보통 자정이 지나서야 일어났다. 우리는 금요일마다 저녁을 준비하고 식사 후에는 고구마를 오븐에 구워 과일과 함께 후식으로 먹었다. 모두가 일하느라 육체적으로 힘들었고 경제적으로도 넉

녁하지 못했지만, 우리는 샘터 예배를 드리면서 필요한 것을 채워주시는 하나님 은혜를 체험했다.

　매주 금요일마다 샘터 모임이 기다려졌다. 시인 권사님의 기도 시간은 단연 백미였다. 기도는 하나님이 아닌 '삼라만상'부터 시작하셨다. 수많은 사자성어가 기도문으로 올려졌다. 기도가 끝나면 모두가 함박꽃 같은 환호를 쏟아냈다. 우리들의 신앙생활은 작은 공동체의 기쁨이 되었다.

　일 년이 지나니까 새 가족인 김 권사 가정이 들어오고, 샘터원들이 그들의 가정을 오픈하기 시작했다. 이 집사님의 가정에서 모일 때는 샘터 예배와 저녁 식사가 끝나고는 으레 노래방이 열렸다. 강 집사, 이 집사, 김 권사와 박 권사님의 노래 솜씨는 수준급이다. 한 주간 쌓였던 스트레스를 모두 풀곤 했다.

　황 집사님 가정에서 모였을 때의 일이다. 한 가정을 방석에 앉혀놓고 그의 가정을 위해 안수 기도하는 시간이었다. 각자의 손을 이 집사의 몸에 얹고 기도를 막 하는 중에 어디선가 풀피리 소리가 가느다랗게 들리더니 연거푸 세 번이나 흘러나왔다. 한쪽에서 "키키" 소리가 나더니 또 다른 쪽에서 "오메 죽이네" 하면서 웃음보들이 터져서 "깔깔깔 까르르" 봇물 터지듯이 웃어댄다. 나는 실눈을 뜨고 쳐다보았다. 안수기도는 안 하고 이 구석에서 저 구석에서 모두가 배를 잡고 웃고 있는 것이 아닌가. 나도 기도를 멈추고 그들을 바라보며 참았던 웃음을 터뜨리고 말았다. 이런 일이 있었던 후로부터 가족보다 더 가까워진 샘터 식구들이 되었다.

4년 동안 신앙 여정을 함께 했던 기간은 영적으로 많이 성숙한 시간이었다. 때마침 작은아들이 다니는 학교 근처로 우리가 이사를 했다. 해마다 지역별로 샘터를 재구성하는데 우리 가정은 다른 선교지의 샘터로 옮겼다.

얼마 전에 내가 팔 수술을 하여 교회에 못 나갔다. 60마일 떨어진 라크레센타에 사는 강 집사 부부가 이른 아침부터 먼 길을 달려 우리 집에 찾아왔다. 오전에 신발가게를 닫고 이곳으로 왔다고 한다. 사골국과 녹두죽을 만들어 가지고 왔다. 믿음으로 한 가족이 되었던 예전 샘터원이 나의 건강 회복을 위해 달려온 것을 보니 울컥했다. 지난날의 볼리비아 샘터 이야기에 푹 빠져 시간 가는 줄 몰랐다. 서둘러 간다고 하여 텃밭에서 자라고 있던 케일, 오이, 상추, 풋고추와 호박을 돌아가는 길에 챙겨 주었다. 그들이 차를 타고 막 돌아 나가는데 마치 친 여동생 부부가 떠나는 것처럼 서운해서 눈시울이 붉어졌다.

되돌아보니, 샘터는 오로지 작은 공동체가 아니었다. 피는 한 방울도 섞이지 않았지만, 샘터를 진짜 가족처럼 하나로 묶은 것은 주를 향한 믿음과 사랑이었다. 서로를 위해 기도하고 울고 웃던 사람들과 함께 만든 자그마한 천국이었다. 가족이란 꼭 피로써 맺어져야 하는 공동체가 아니다. 깊은 진심을 서로 나누며 허심탄회하게 마음을 풀어놓을 수 있는 사람. 유안진 시인의 시구처럼 저녁밥을 먹고 나면 입은 옷 그대로 김치 냄새가 좀 나더라도 흉보지 않을 사람이 되는 것. 그것이 가족이다. 편안했던 예전 샘터 식구와의 기억은 지금도 사라지지 않고 내 마음 깊은 곳에 조용히 머물고 있다. 그들은 내 인생에서 만난 또 하나의 소중한 가족으로 남아 있다.

어머니의 향기

노란 국화 화분을 사 들고 포레스트 론으로 향했다. 오늘은 어머니 떠나신 지 삼 년째 되는 추모일이다. 입구에 있는 하얀 분수대가 힘차게 물줄기를 뿜어 올리고 있다.

이곳은 공원 같은 분위기로 묘지라는 느낌이 들지 않는다. 평평한 묘소 앞에 군데군데 놓여 있는 꽃과 풍선이 눈길을 사로잡는다. 생생한 꽃과 시든 꽃, 팽팽한 풍선과 공기 빠져 쭈글쭈글한 알루미늄 풍선이 시야에 들어온다. 공원에 묵묵히 누워 있는 자는 누군가에게 향기를 뿜은 귀중한 식구요 친구였으리라. 간이의자에 앉아 곁을 떠날 줄 모르는 사람, 묘비 앞에 앉아 벌건 눈으로 초점을 잃은 노인, 돗자리에 앉아 두런두런 이야기하는 여인들, 세상 사람이 아닌 이에게 말을 거는 사람들이 내 마음을 아리게 한다.

Honor of Garden에 도착했다. 열쇠로 굳게 닫힌 문을 열고 들어가서 묘원 가운데에 어머니의 동판이 있는 곳을 찾았다. 꽃을 꽂는 자리에 뚜껑을 닫은 채 노란 국화 화분을 살며시 내려놓았다. 어머니의 향을 오래오래 품으라고 꽃에 물을 듬뿍 축여 주었다. 사각 동판에는 어머니의 얼굴이 그려져 있다. 다시 보고 또 보고 그 얼굴을 더듬고는 그리움의 강이 흘러내린다. 마음을 추스르니 묘비에 새겨진 글이 눈에 들어온다. 이름, 생몰연대와 추모 문구가 새겨져 있다. '단아하고 지혜로운 어머니를 기억합니다'라고.

 언제나 환한 마음의 불빛으로 아낌없이 나누어 주시던 어머니 마음의 향기가 주위에 가득 피어 있다. 눈물이 국화꽃 위로 후드득 떨어진다. 겹겹이 둘러싸인 꽃잎 사이에 머무는 어머니의 눈길과 만난다. 둥글게 말린 어머니의 등과 짧은 머리끝이 국화 꽃잎 속에서 보인다. 가늘고 길쭉한 국화 꽃잎 끝자락이 바람에 실려 온 어머니의 향기를 뿌리려나 보다. 은은하면서도 쌉싸름한 향이 코끝을 스친다. 노란 꽃에 촘촘히 모여 있는 꽃술이 안으로 갈수록 짙어지는 깊이는 자식을 향한 어머니의 그윽함으로 다가온다.

 흩어짐 없이 반듯하게 책상 앞에서 커다란 돋보기로 늘 성경 보고 기도하신 어머니의 일상이 떠오른다. 직장에서 돌아와 방문을 열면 어김없이 책상 앞에 앉으셔서 반기던 모습이 이슬이 되어 눈앞에 어린다. 머리 숙여 기도하고 안부를 묻는다. '어머니, 천국에서 잘 지내고 계시죠? 많이 보고 싶어요…'.

 아버지가 일찍 돌아가신 후 자식을 향했던 어머니의 간절함은 이제 그리움의 향기로 남아 있다. 그 향기는 어머니의 사랑과 인내와 희생의 향이다. 어머니는 생활전선에서 애쓰는 오빠에게 당신의 전 재산으로 귀중하게 여기셨던 재봉틀을 넘겨주셨다. 어머니 시대에 재봉틀은 큰 가치가 있었다고 한다. 혼수로 마련하신 재봉틀은 어머니의 손때와 눈물이 묻어 있는 보물이었으리라. 그 재봉틀은 오빠가 계획한 작은 사업의 씨앗이 되었다. 여동생과 나는 오빠 덕분에 대학을 무사히 졸업하고 간호사와 교사가 되었다.

어머니의 향기는 기억 속에서 지워지지 않는 흔적이다. 해거름이 되도록 추억 속에 머물다가 어머니를 만난 광경을 사진에 담았다. 한국에 있는 친정 식구 모임 카톡방에 사진을 올리고 '어머니와 국화꽃'이라는 제목으로 어머니를 추모한 시를 올려놓았다. 오늘 점심에 교회에서 어머니 추모일을 맞아 교인들에게 점심 식사를 제공했다. 그 사진도 모임방에 올렸다. 타주에 살고 있는 여동생은 어머니 묘지를 방문하지 못해 아쉬워하며 그녀의 가정에서 어머니가 즐기셨던 잡채를 만들어 추모 예배를 드리겠다고 답이 왔다.

주차장으로 걸어 나가면서 밀려오는 후회의 마음이 나를 훑고 썰물처럼 쓸려간다. 직장 생활을 하면서 힘을 다해 어머니를 모셨다고 생각해 왔지만, 마음속에 불편함이 남는 것을 어찌하랴. 바람에 실려 온 어머니의 향기가 나를 애타게 한다. 마음대로 걷지 못해서서 좀 더 여행시켜 주지 못한 아쉬움은 나에게서 떠나지 않았다. 자연의 아름다움을 보여드리고 조금 더 많은 이야기를 나누고 웃음을 채워 드리지 못한 후회와 어머니의 향이 나를 붙든다. 휠체어를 밀고라도 실컷 꽃구경과 바깥세상 구경시켜 드리지 못한 것이 내 마음을 안타깝게 한다. 늘 바쁘다는 이유로 나

중에 해드리겠다는 시간은 돌아오지 않았다. '언젠가'라는 막연한 시간에 맡기지 말고 현재의 순간을 귀중히 여기지 못했던 게 후회스럽다.

  사랑과 인내, 희생으로 피어난 어머니의 향이 나를 에워싸고 일으킨다. 그 향기는 내가 지쳐서 쓰러질 때마다 지탱할 힘과 일어설 용기를 준다. 자식을 품었던 어머니의 그윽한 눈길은 그리움의 향으로 다가온다. 나도 사랑하는 이들에게 하나님의 사랑을 흘려보내며 그들과 함께 주어진 시간을 귀하게 가꾸어 나가고 싶다. 아이들과 손주들도 언젠가 나를 그리워하며 기도의 향기를 떠올릴 수 있기를 소망한다.

2부
꽃을 닮은 이들

삼월이 되면

 삼월이 되면 초등학교 1학년 신입생들의 입학식이 있다. 가슴에 이름표를 달고 새 가방을 메고 신주머니와 실내화를 가지고 오던 시절이다. 그 한 달은 운동장에서 꼬맹이 신입생 전체가 모여 율동하며 학교에 적응하는 달이다.
 1974년도에 초임 발령을 받은 곳은 옥수동 산동네에 자리 잡은 초등학교였다. 근처의 다른 학교에서 분리되어 세워진 스물다섯 학급 규모의 학교였던 것으로 기억한다. 새 학교를 지어 분리된 학교였다. 그 당시 한 교실에 70명에 가까운 5학년 어린이들이 바글거리는 가운데서 가르쳤다. 선풍기도 없었다. 더위를 식혀주는 것은 젖혀진 창문에서 들어오는 바람뿐이었다. 여름에는 시큼한 땀내가 코에 배어서 냄새에 무감각해질 정도였다.
 그다음 해에 3학년을 맡아 가르친 후에 결혼하게 되어 다른 곳으로 발령을 받았다. 공립학교는 2년 근무하는 특수학교를 제외하고는 주로 4년마다 발령을 받아 근무지를 옮겨야 한다. 새로 옮긴 곳에서도 다른 교사들이 안 맡으려 하는 5학년을 주로 가르쳤다. 5학년 담당 교사들의 학교 업무는 많지만, 학생들과 마음이 통해서 좋았다. 마지막 4년째 되는 해에 교장 선생님은 내가 원하지도 않은 1학년을 맡겨 주었다. 그 말씀을 듣고 나니 무엇보다도 운동장 구령대에 올라가서 율동해야 한다는 부담감이 나를 눌렀다. 사실 나는 대학에 다닐 때 무용반에 있었기에 율동은 자신이 있었지만, 마이크를 들고 구령하며 설명하는 것이 가장 꺼려졌다. 나는 남 앞에 나서는 것을 싫어한다. 묵묵히 나의 일을 한 가지씩 계획을 차분히 세워 처리하는 성격의 소유자다. 당시는 아이들만 있다면 서슴없이 진행할 용기는 있었는데 나의 행동을 일일이 지켜보는 학부모 앞에 서는 것은 왜 그리도 피하고 싶었는지 지금도 생각하면 얼굴이 달아오른다.

드디어 구령대에 올라가 율동하는 시간이었다. 흰 체육복으로 산뜻하게 갈아입고 구령대에 올랐다. 마이크를 잡는 순간 생각하기로 했다. 구령대 아래에 옹기종기 모여 있는 학부모들은 그저 말 없는 인형에 지나지 않는다고. 자신 있게 오직 우리 어린이들을 바라보며 씨앗, 아침 해, 학교 종, 깊고도 넓도다, 태극기, 꽃밭에서 등을 율동으로 꾸며 지도했다. '씨 씨 씨를 뿌리고, 꼭 꼭 꼭 물을 주었죠, 하룻밤 이틀 밤 쉿쉿쉬 뽀드득뽀드득 뽀드득 싹이 났어요.'와 손을 모아 둥그런 아침 해를 만들고, 주먹 쥐고 자리에서 일어나는 모습, 윗니와 아랫니를 닦고 깨끗이 세수하고 단정히 머리 빗고 옷 입고 거울 보는 모습과 밥을 꼭꼭 씹어 먹고 가방 메고 학교에 가는 모습을 율동으로 표현했다. 노래와 율동을 통해 꼬마들이 행동으로 실천하여 학교생활에 적응하도록 지도 했다. 율동이 끝나면 반별로 학교 교실 둘러보기, 화장실 사용

법 알기, 교통안전 등 기본 학교생활 기르기에 초점을 맞추어 지도했다.

한 달이 지나면 교실로 들어가 국어, 산수, 사회, 자연, 도덕, 음악, 미술 수업이 시작된다. 지금은 2015년 개정 교육 운영 방침에 따라 여러 교과목이 아닌 통합된 교과목을 배운다고 들었다. 초등학교 1학년과 2학년의 경우 국어, 수학 외에 바른 생활, 슬기로운 생활, 즐거운 생활 3과목을 단일 과목인 '통합교과'로 묶어 운영한다는 말도. 즉 과목별이 아닌 주제별로 교과서를 분류하여 가르친다는 말이었다. 교과목이 줄어든 대신 자율 활동, 동아리 활동, 봉사활동, 진로활동을 하는 '창의적 체험 활동' 시간이 늘어난다고 한다. 세월이 흘러 가르치는 방법도 과목도 눈에 띄게 달라졌다. 지금은 정보기술을 이용한 자료를 많이 활용하리라 생각된다.

현재의 교육과정과는 차이가 있지만, 내가 그 당시 1학년을 가르칠 때는 우리글을 잘 읽고 쓰게 하려고 연필 잡는 법부터 철저히 지도했다. 한글 자모음 쓰는 순서와 맞춤법에 맞게 글자를 받아쓰는 능력을 키우도록 받아쓰기 시험 등을 보면서 글자를 익히고, 그림일기 또는 생활 일기를 매일 쓰도록 했다. 특히 바른 생활 습관 기르기와 교내와 교외에서의 안전 생활을 강조하여 지도했다.

처음 입학하여 쑥스러워하던 아이들이 교실에서 함께 지내다 보면 어느덧 봄이 성큼성큼 다가와 학교 내 정원과 학교 주변의 산에서 꽃눈을 틔우고 꽃망울이 터진다. 교실에서도 아이들의 환한 함성과 순박한 웃음꽃이 피어난다. 밝게 미소 짓는 진달래꽃, 향기를 뿜어내는 매화꽃, 춤추는 벚꽃, 수줍은 살구꽃, 주위를 밝히는 노란 빛 개나리꽃처럼 저마다 특유의 색깔로 꽃봉오리를 피우며 환하게 웃는 모습이 우리 반의 외향적인 아이, 산만하고 집중력이 없는 아이, 얌전한 아이, 호기심이 많고 도전성이 강한 아이 등 개개인의 모습과 많이 닮았다. 지금은 쉰이 훌쩍 넘었을 그 시절의 아이들 모습이 가끔 내 앞에 내려앉는다.

1학년 꼬마들의 관심과 흥미를 끌기 위해 새로운 노래와 율동을 시도해 보려고 무진 애썼던 시절이 정원에서 막 꽃망울을 터뜨리고 있는 살구나무와 복숭아나무 속에서 피어난다. 지나간 내 젊은 날의 삼월이 얄밉도록 선명하게 떠오른다.

미운 세 살

　책장 정리를 하다가 서랍 속에 곱게 묻혀 있는 이야기 책자를 발견했다. 오리건 주로 이민 와서 '어린이들을 위한 다문화 문학' 강의를 전문대학에서 들을 때의 과제였다. 설레는 마음으로 바로 펼쳐보았다. 둘째아들의 이야기가 실려 있었다.
　첫아들은 동생이 태어나길 간절히 바랐다. 그 아이의 바람대로 칠 년 만에 가지고 싶었던 동생이 태어났다. 그 둘째아들이 세 살이 막 지나서의 일이다. 잔뜩 흐린 날씨에 눈이라도 펑펑 내릴 것 같은 날이었다.
　학교에서 종례를 마치고 뒤도 안 돌아보고 집으로 향했다. 전철역에서 내린 나는 아이들이 기다리고 있는 우리 집 아파트로 발길을 옮겼다. 아파트를 들어서자, 구미를 당기는 새콤하고 고소한 김치찌개 냄새가 집 앞 공간을 채웠다. 춥고 배고픔을 느끼며 벨을 눌렀다.
　당시 여든네 살이신 시어머니가 계시지만 집안을 돌보는 도우미가 매일 아침 7시에 와서 두 아들을 돌보고 오후 6시가 되면 퇴근한다. 연세가 지긋하신 도우미가 세 살배기 아들과 함께 나를 맞이했다. 아들은 내 도시락 가방을 받아서 들었다. 편한 마음으로 코트를 벗어드는 찰나였다. 옆에서 무언가 퍽 소리와 함께 세 살배기 아들이 고꾸라졌다. 당황한 나는 아들을 잡아 안았다. 그 순간 내 몸에 강한 전기가 짜르르르 흘렀다. 벽에 있는 콘센트에는 쇠젓가락이 나란히 꽂혀 있었다. 아니 이럴 수가…. 아이가 도시락 속에서 빼낸 가느다란 쇠젓가락으로 장난감 로봇에게 먹이를 주듯 콘센트에 집어넣은 것이었다. 재치 있게 도우미가 고무장갑을 끼고 방바닥에 있는 포대기로 그 젓가락을 뺐다. 뾰족한 끝부분이 까맣게 그을었다. 나는 감전된 아들을 포대기에 감싸고 정신없이 아파트를 빠져나와 택시를 타고 근처에 있는 영동세브란스 종합병원 응급실로 향했다.

병원에 도착하였을 때는 나도 안정을 찾았고, 아들도 괜찮아 보였다. 응급실 의사가 아들의 손바닥을 자세히 살폈다. 그 손바닥에 검은 반점이나 근육 수축 증상은 발견하지 못했다. 신경의 마비는 없는지 심장이 정상인지 진단을 한 후에 의사는 만약에 살고 있는 아파트 전압이 220볼트였다면 전기 화상을 입거나 감전사로 이어졌을 거라고 덧붙였다. 눈싸락이 흩뿌리는 길에 발길을 재촉하며 집으로 무사히 돌아왔다. 둘째아들을 축복해 준 밤이었다.

다음날 집안 벽 아래에 사용하지 않는 모든 콘센트는 새로운 덮개로 바꾸었다. 모험심이 있고 하고 싶은 대로 하는 세 살 아들을 위해 위험한 일이 일어나지 않도록 주의를 기울이지 않았던 내가 원망스러웠다. 다행히 아무 문제 없이 퇴원하게 되어 얼마나 감사했는지 모른다. 그 사건은 두고두고 생각할수록 심장이 멈추는 듯하다.

그 일이 있은 지 반년쯤 지나고 난 여름의 일이다. 5교시 수업 중에 교무실로부터 급한 전화가 왔으니 내려와서 받으라는 것이었다. 할머니와 세 살배기 아들이 도우미가 집안일하는 사이에 없어졌다는 것이다. 부리나케 집으로 왔다. 회사에서 일하다 말고 온 남편의 지휘 아래 우리는 모두 동네를 뒤지고 다녔다. 열 살이 된 큰아들도 자전거를 타고 땀에 흠뻑 젖도록 아파트 단지를 구석구석 뒤졌다. 큰댁 식구들도 달려와서 놀이터와 아파트 앞 상가 안에서 아들 이름을 애타게 부르며 헤집고 다녔다. 온 식구가 노모와 세 살 꼬마를 밤 8시까지 가볼 만한 곳은 샅샅이 찾았으나, 끝내 허탕을 치고 발길을 돌려야 했다. 시어머니는 충청도 두메에서 농사지으시다가 당뇨가 발병되어 서울로 와서 우리 집에 머물고 계셨다. 서울 생활이 낯설어서 살고 있는 아파트 동, 호수와 전화번호를 기억하지 못하신다.

일단 경찰서에 연락해 놓았으니, 전화를 기다리는 수밖에는 별다른 도리가 없었다. 하늘이 무너지는 청천벽력 같은 일이 눈앞에 벌어지고 있었다. 잃어버린 아이를 찾는다고 많은 인쇄물을 뿌리며 가슴에 잃어버린 아이의 사진을 크게 걸고 다니는 애처로운 부모들 모습이 떠올랐다. 이런 상상을 하는 중에 전화가 걸려왔다. 칠흑 같은 어둠이 환한 빛으로 다가오는 순간이었다. 경찰서란다. 우리 아파트 앞에는 정릉으로 가는 버스 11번 노선만이 있었을 때다. 버스 종점에서 서성대는 노모와 어린아이를 발견하여 개포동 동사무소에서 보호하고 있다는 연락이었다. 제발 우리 시어머니와 아들이기를 바라면서 온 식구가 11번 종점에 있는 동사무소 문을 급히 열고 안으로 들어갔다. 사무소 안쪽에 있는 조그마한 방에 그렇게 찾던 노모는 시름에 쌓인 얼굴로 쪼그려 앉아 계시고, 아들은 반소매 밤색 줄무늬 티셔츠만 입고 바지는 입지 않은 채 큰대자로 쌕쌕 잠들어 있었다. 시어머니는 손자의 생떼에 못 이겨 손을 잡고 이끄는 대로 찻길을 건너 종점으로 가는 버스에 무작정 올라타신 것이었다. 만약에 그 복잡한 정릉으로 향하는 버스를 탔다면 어찌 되었을까. 생각조차도 하기 싫은 상상이었다.

  동 사무소 직원의 말에 의하면 할머니가 주소와 전화번호는 물론 아들 이름도 모른다고 했다고 한다. 그래서 그 직원이 인근 경찰서에 연락하여 실종 신고를 해 둔 나에게 연락이 온 것이었다. 우리는 가까운 상점에서 커다란 수박을 사서 감사의 표시를 했다.

  그날 이후에 놀란 큰동서가 시어머니를 모셔 갔고 도시 생활에 익숙하지 않으신 시어머니께 전화번호와 주소를 몸에 지니게 했다. 세 살배기 아들에게는 도우미의 허락 없이는 절대 밖으로 나가지 않도록 타일렀다.

  호기심이 많아 감전되어 온 식구를 불안하게 했고 무작정 할머니 손을 끌고 나가는 바람에 길을 잃어버려서 애끓게 했던 미운 세 살 아들이 성장하여 서른일곱이나 되었다. 5학년 때 미국으로 이주한 후, 현재는 중학교 수학 교사로서 신앙심 깊은 믿음의 자매와 가정을 이루고 두 자녀를 둔 아버지가 되었다. 학생들을 가르치는 일에 사명감을 느끼며 보람된 삶을 살고 있다. 한바탕 천당과 지옥을 오르내리게 했던 별난 아들이기에 더욱 고맙고 미덥고 함께 펼쳐질 미래가 기대된다.

교사의 사명

 드림 한국학교가 주최하는 말하기 대회가 있는 날이다. 예선 대회에서 뽑힌 10명의 학생이 저마다의 말하기 실력을 뽐내는 시간이다. 드림 홀에서 전교생이 모여 조마조마하면서도 열기가 넘치는 가운데 진행된다. 8명의 교사로 구성된 심사원들은 본선 대회를 마치고 수상자를 그 자리에서 선정해 발표한다. 대면으로 참석하지 못하는 어린이들은 줌을 통해 온라인으로 참석한다. 8명의 심사위원은 책상에 둘러앉아 평가 심사표에 점수를 기록하여 본선에서 대상, 금상, 은상, 동상을 선정한다.

 기초반 어린이의 발표를 시작으로 가지각색의 꿈이 무대 위에 펼쳐졌다. 가수, 소아과 의사, 유튜버, 컴퓨터 프로그래머, 요리사, 자선사업가 등 어린이들의 꿈은 다양했다. 그 모습을 바라보며 나는 마음에 깊은 울림이 일었다. 저마다의 꿈을 품고 자라는 어린이들이 한국인의 정체성을 가지고 이 땅에서 성공적인 삶을 살아내도록 돕는 것이 한국학교의 사명이라는 믿음이 더욱 분명해졌다. 어린이들이 이민 2세 또는 3세일지라도 조상의 언어와 문화를 배우며 자신의 뿌리를 이해하고 세계 속에서 자긍심을 갖고 살도록 이끌어 주는 것이 교사의 임무임도 확신하게 되었다.

본선을 마치고 오후에 우리는 모두 교회 장로님 댁으로 향했다. 유 장로님은 여든이 넘으셨는데도 1부 예배 성가대에서, 아내 권사님은 교회의 친교부에서 성실하게 섬기고 계신다.

나는 갤러리 상점에서 배와 참외 한 상자씩을 사서 장로님 댁을 찾았다. 그날 우리는 갈비, 연어, 굴 요리, 매실장아찌, 오이소박이, 새우튀김 등 귀한 음식을 대접받았다. 교사 모두가 준비해 주신 별미를 대하면서 권사님의 많은 사랑과 헌신을 느낄 수 있었다. 식사 후 교사들은 한 곳에 모여 목사님과 함께 한국학교 미래에 대한 전반적인 이야기를 나누었다. 목사님은 더 많은 후원으로 줌도 반별로 신청하고 와이파이 환경도 언제라도 수업할 수 있도록 확장해 주신다고 했다. 비대면으로 줌 수업을 하루에 일곱 번씩 하는 선생님, 컴퓨터에 능숙하여 교육 자료를 창의적이고 효율적으로 제작하는 선생님, 부채춤과 전통 북 연주까지 지도하는 다재다능한 선생님, 말하기 숙제를 학생들에게 철저하게 내주어 말하기 능력을 길러 주는 선생님, 어린이 눈높이에 맞추어 지도하는 선생님 등 책임과 열정을 다하는 동료 교사들에게 진심으로 감사했다.

이번 말하기 대회를 통해 나에게 다시 물었다. 내가 왜 이 행사를 하고 있는지를. 말하기 대회에서 단순히 상을 주는 게 목적은 아니었다. 어린이들의 꿈을 지지하고 그들이 한국인의 정체성과 얼을 가슴에 품고 자라나게 돕는 것이 교사의 진정한 사명이라는 것을 다시금 마음에 새기게 되었다.

돌아오면서 초대해 주신 장로님과 권사님께 깊은 감사를 전하는 카드와 메시지를 카톡방에 남겼다. 또한 한글과 문화를 지도하고 미래를 꿈꾸게 하고 정성과 사랑을 쏟는 교사들 모두에게도 감사의 마음을 전했다. 그들이야말로 우리 2세들의 미래를 자랑스러운 한국인으로 다듬어 주는 한국학교의 일꾼이라고.

제자 다윗

　전화 메시지가 떴다. 다윗이 결혼한다는 소식이었다. 그는 9학년 때 내 한국어반의 학생이었다. 다윗은 12학년 졸업 때까지 자주 나의 교실을 찾아와서 이야기보따리를 풀어놓곤 했다. 미국에서 태어났지만 한국어를 유창하게 구사하고 싶어 했다.
　그는 언제나 반듯하게 행동해서 학생들이 그를 교과서라고도 불렀다. 또렷한 눈빛으로 교사를 바라보며 수업에 집중했다. 십대 아이들이 모여 있는 교실에서 "다윗은 너무 잘난 척해."라는 소리가 들릴 정도로 시기의 대상이 되기도 했다. 그는 끝까지 인내하며 교실 안에서 발표할 때나 숙제를 수행할 때도 더욱 모범을 보였다. 어떤 비난의 말에도 굽히지 않고 자기가 뜻하는 바를 밀고 나갔다. 나는 한국어반 학급의 대표로 그를 추천하였다. 다윗은 그해에 한국어반을 모범적으로 이끌었던 학생이었다.
　10학년이 되어 학교 공개일(Open House)에 다윗이 한국어반을 선택하게 된 이유를 여러 학부모와 신입생들 앞에서 이야기한 적이 있었다. 미국에서 태어난 그의 한국어 발음과 억양은 영어식이었다. 타 인종 학부모와 학생들도 참석했기에 시작 인사는 한국어로, 대부분은 영어로 또박또박 문장을 이어갔다.

"저는 매일 한국어반이 기다려져요. 한국어로 듣고 읽고 말하고 쓰는 것을 공부해요. 떡볶이, 깍두기, 김밥을 만들기도 하고, 한국 영화도 보고 K-pop을 배우고 발표하기도 해요. 저는 한국에 못 가보았지만, 한글 에세이 대회에 나가서 상을 타면 한국 여행 기회를 가질 수도 있어요. 한국어를 배우면서 여러 가지 한국 문화를 경험할 수 있어요. 한국어를 택하면 많은 혜택을 받을 거예요. 제가 보증합니다."

일반적으로 신입생들은 중국어, 스페인어, 불어와 한국어, 네 가지 언어 중에서 외국어를 선택해야 한다. 다윗은 많은 학생들이 한국어를 배우도록 한국어반 학생들을 모집하기도 했다. 오랫동안 학생들을 가르쳐 왔지만, 다윗처럼 한국어를 사랑하는 성숙한 아이를 본 적이 없었다.

11학년이 되던 해 겨울, 신학대학을 가겠다고 하며 추천서를 써달라고 나를 찾아왔다. 그의 아버지가 수감자들을 위한 사역과 노숙자들을 위해 사역을 하는 목사님이고 어머니가 음악 전도사임을 알고는 있었지만, 아버지의 뒤를 이어 신학교에 간다는 것은 상상도 하지 않았다. 워낙 학업성적이 좋고 다양한 방면에 재주가 많으며 학교 테니스 대표선수였기 때문이기도 했다.

12학년 봄에 그의 아버지가 췌장암으로 하늘나라에 가셨다. 그를 위로했다. 꿈을 잃지 말라고. 그는 일리노이주에 있는 휘튼 사립기독교 대학에 들어가서 ROTC로 장학금을 받고 공부하면서 학교 근처 교회에서는 아동부 사역을 했다고 한다. 대학 졸업 후

엘에이로 와서 지금은 탈봇 신학교에서 신학 대학원 마지막 학기를 보내고 있다.

그의 결혼식에서, 엘에이에 있는 교회의 김 목사님이 주례를 섰다. 알고 보니 다윗이 김 목사님 아들과 친구였다. 김 목사님은 다윗을 만나 보고 그가 나이보다 성숙하고 바른 생각과 바른 마음을 소유한 하나님의 사람임을 알고 그 교회 고등부 전도사로 초빙했다고 한다. 목사님의 말씀처럼 다윗이 달려갈 길을 알고 주님께 받은 소명으로 하나님의 은혜와 복음을 증언하는 데 생명을 다하리라 믿는다. 다윗이 대견하여 벅찬 감동이 밀려왔다.

식사 시간에 신랑 신부가 돌면서 축하객에게 인사하고 있었다. 다윗이 나를 발견하더니 다가와서 두 손으로 마이크를 만들며 큰 소리로 "이분이 나의 고등학교 은사님이세요."라고 같은 테이블에 앉아 있는 하객들에게 소개했다. 사람들이 손뼉을 쳤다. 가르친 보람이 물결 타며 다가오는 감격의 순간이었다. 수업 시간이 클로즈업되었다. 말없이 고개를 끄덕이며 이해했다고 신호를 보내던 순간, 다윗의 늠름하고 당당한 발표 소리가 쟁쟁했다. 한국계 미국인이니까 한국어를 집중해서 배워 우리의 정체성을 찾자고 소리 높였던 그 음성이 들리는 듯했다. 식사를 마치고 그의 어머니도 만나보았다. 그녀는 아직도 찬양단을 이끌고 전도 사역을 잘하고 있다고 한다. 찬양 사역하는 분과 재혼했다는 소식도 들었다.

십 대에 아버지를 잃고도 방황하지 않고 목회자의 길로 들어선 다윗을 보며 승리했다고 칭찬해 주었다. 마음의 꽃다발을 한 아름 안겨 주며 힘껏 포옹했다. 나의 교실에서 내 강의를 들으며 자란 다윗. 아직도 9학년이라고 생각했는데 이젠 어엿한 목회자로 가는 길목에 우뚝 서 있지 않은가. 어려운 자를 돌보고 사회를 위하고, 미국을 위하여 복음을 구석구석까지 전하는 유능한 목회자가 되길 소원한다.

 교실 벽 꼭대기에 달린 창 안으로 쏟아졌던 햇살처럼 밝은 그의 얼굴이 떠오른다. 언제나 묵묵히 자신의 길을 걸어가며 주위 학생들에게 긍정적인 영향을 주었던 다윗의 모습이 눈앞에 내려앉는다. 이제 그가 새로운 가정을 이루고 또 다른 여정을 시작한다. 그의 결혼을 진심으로 축하하며 그에게 하나님의 축복이 가득하길 바란다.

지속되는 사랑

TV 다큐, 〈소록도의 천사〉를 시청했다. 마리안느와 마거릿에 관한 이야기였다. 1960년대 오스트리아 출신 마가렛 피사렛과 마리안느 슈퇴거는 소록도에 왔다. 작은 사슴을 닮아 소록도라는 이름이 붙여진 섬에서, 그들은 오로지 한센병 환자를 위해 자원봉사자로 일한 수녀이자 간호사들이었다.

마가렛 아버지는 오스트리아에서 의사였다. 마가렛은 아버지가 운영하는 병원에서 일하면서 간호사인 마리안느를 만났다. 어느 날 한국 소록도 병원에 간호사가 필요하다는 소식을 듣고 조국을 떠나 낯선 소록도를 찾았다. 순수한 자원봉사자로 소록도 병원에서 간호사로 근무했다.

그로부터 40여 년 동안 무급으로 한센병 환자와 함께 지냈다. 그 당시에 한센병이 전염병으로 잘못 알려진 탓에 한국인 의사와 간호사는 환자와 뚝 떨어져 장갑을 끼고 진찰하던 때였다. 마가렛과 마라안느는 환자들의 상처 난 곳을 직접 만지고 진물을 닦아 주는 등 가족처럼 환자를 돌보았다. 한센병 환자의 자녀는 전염성 위험으로 인해 분리 양육되던 시절. 그들은 가족에게 버림

받은 아이들을 엄마처럼 보살폈다. 또한 오스트리아 부인회 지원을 받아 소각장과 공중목욕탕을 짓고 정신병동을 신축하고 결핵병동을 세웠다. 이른 새벽부터 환자를 돌보며 한센인들의 옷을 수선해 주고, 입다가 해어진 속옷은 꿰매어 입는 검소한 생활을 하며 지냈다. 세월이 흘러 그들이 은퇴하며 소록도를 떠날 때는 해어진 가방 하나가 전부였다고 한다. 여러 언론사 기자 인터뷰에도 응하지 않았고 묵묵히 그리스도의 사랑을 전하며 오직 하나님께만 인정받기를 원했다고 한다.

2003년에 마리안느가 대장암 수술을 받은 후 2005년에 11월 22일 마가렛과 마라안느가 아무에게도 알리지 않고 편지 한 장을 남기고 본국으로 떠났다. 자신들이 연로하고 제대로 일할 수 없음을 인지하여 다른 이에게 짐이 되고 싶지 않다며 새벽에 조용히 섬을 빠져나와 오스트리아로 출국했다. 그들이 남긴 빈자리를 애틋한 시선으로 바라보는 환자들에게 더 깊은 상처를 줄 수 없다는 결심이었으리라. 마주했던 눈빛, 위로의 말, 그리고 함께했던 시간을 마음속 깊이 품고 떠났겠지. 그들은 고국으로 돌아가서도 소록도를 생각하면서 지냈다. 사랑의 힘은 영원하다. 마리안느는 78세 노환으로 요양원에 입원하였다가 11년 만에 소록도를 다시 방문하여 국립 소록도 병원 100주년 기념식에 참여하였다.

2020년은 세계 간호사의 해이자 나이팅게일 탄생 200주년 되는 해로 전 김황식 총리를 선두로 마리안느와 마가렛을 노벨평화상 수상을 위한 움직임이 있었다. 간호사의 중요한 역할과 사기

양양을 위해 전 세계에 함께 알리고자 하는 의도였지만 뜻은 이루어지지 않았다. 그들과 함께 사역하던 신부님들과 다른 간호사들은 "두 분의 수녀는 아무것도 바라지 않는 선하고 겸손한 간호사였어요."라고 전했다. 소록도에 사랑의 씨앗을 심은 그들의 헌신과 봉사에 고개가 숙여진다.

오스트리아에서 다시 만난 마리안느와 마가렛은 신부님과 다른 간호사들과 함께 '사랑이 없으면 나는 아무것도 아니다'라는 찬양을 했다. 사랑이 없다면 말과 행동이 대단할지라도 아무런 의미가 없다. 그들의 사랑이 없이는 소록도에 있는 한센병 환자들의 마음을 움직일 수 없었을 게다. 고린도 13장의 말씀이 떠오른다. 그 사랑의 장은 개인의 삶과 인간관계를 담고 있다. 사랑은 모든 것의 기초이며 완전하다. 아무리 말재주가 많고 지식이 풍부해도 사랑이 없다면 공허한 소리와 같기 때문이다. 두 분 수녀가 확고한 믿음과 희생하겠다는 각오로 이 섬에 왔을지라도 사랑을 보여주지 않았더라면 어떤 일도 이룰 수 없었을 거다. 사랑에는 인내와 이해, 이타심과 겸손이 깃들어 있다. 일한 대가를 바라지 않고 두 분의 수녀는 궁핍함 속에서도 환자들을 향한 사랑을 아낌없이 베풀었다. 사랑이 없으면 아무것도 아니라는 찬양이 마음 깊이 와닿는다.

그 후, 마리안느는 최근의 일을 잊어버리는 치매로 인해 요양원에서 생활하면서도 소록도에서 일만큼은 잊지 않았다. 두 간호사가 한국에서 무슨 일을 하다가 고향으로 돌아왔는지조차도 주변에 알리지 않았다고 한다. 그들의 선한 일을 절대로 드러내지 않는 겸손한 자들이었다. 그들은 다만 손과 발이 부지런해야 간호사의 역할을 다하는 것이라고 강조했다. 2023년 마가렛이 대퇴부 골절을 당해 수술 받는 중에 하늘나라로 갔다.

　마리안느와 마가렛은 소록도의 꺼지지 않는 희망이었다. 그들 자신은 가장 소외되고 고통받는 자들과 함께하며 사랑을 주고받는 가장 행복한 자였다고 회고했다. 한센인들의 마음 상처까지 만져 준 그들의 삶에서 진정한 사랑이 무엇인지를 다시 생각해 본다. 사랑은 믿음과 소망을 넘어 영원히 지속되는 인간의 가장 고귀한 행위다. 사랑은 인내와 친절을 동반하고 이기적이지 않고 모든 것을 견디는 속성이 있음을 깨닫는다. 사랑을 실천한 소록도의 천사요 어머니였던 두 분에게 존경과 아낌없는 찬사를 보낸다.

9와 같은 인물

9월에 가족 생일이 네 명이나 있다. 손녀는 8일, 둘째아들은 9일, 첫째아들은 12일, 손자는 16일이다. 9월 첫째 주말에 온 가족이 한데 모여 생일 파티를 열었다. 거실 창문 위 풍선 사이에 '생일 축하'라는 글자와 함께 색색 가지 장식 고리를 매달았다.

풍선 장식에 쓰인 숫자 9를 보니 애니메이션으로 만든 공상과학 영화 '9'가 생각났다. 인류의 마지막을 예고한 한 과학자에 의해 아홉 개의 봉제 인형의 생명체가 태어났다. 그 과학자는 인간의 희망을 이어가길 바라는 마음으로 자기의 생명과 영혼을 인형들 안에 넣었다. 이 영화의 주인공 이름은 숫자 '9'다.

영화 속 세상은 과학 문명의 극단적인 발달과 인간의 욕망이 하늘로 치달았다. 인류는 종말을 맞이하고 인류 멸종 이후의 세계를 배경으로 9와 그의 동료들은 과거의 비밀과 지구의 역사를 밝히고 거대 로봇 몬스터를 물리치려 했다. 주인공 9는 작은 인형으로서, 지구의 종말로부터 생존한 마지막 희망이었다. 홀로 남은 줄 알았던 9는 다른 숫자의 이름을 가진 여덟 개의 인형과 힘을 모아 위협적인 기계 몬스터와 용기 있게 싸워야 했다. 어둡고 적막한 분위기 속에서 기계와 싸우는 장면은 아슬아슬하고 두려움을 느끼게 했다. 오염된 도시 풍경, 무너진 건물 잔해, 기계 몬스터, 증기와 함께 격렬하게 움직이는 톱니바퀴 등 각종 기계장치가 등장해 으스스하고 뒤숭숭했다.

주인공 9는 처음에는 비교적 소심하고 주저하는 성격이었지만, 점차 용기 있게 자신감을 키워 나갔다. 나머지 여덟 개의 인형은 자기만의 고유한 가치관을 하나씩 가지고 있었다. 좀처럼 마음을 모으기가 어려웠다. 무엇보다 이들이 싸워야 할 대적은 상상 외로 강하고 거대한 괴물 기계군단 로봇이었다. 9는 다른 인형과 갈등을 겪을지라도 자기 생각만 고집하지 않고 상대방을 위해 희생했다. 서로의 다름을 인정하고 협력하여 위기를 넘길 수 있다는 것을 보여준 생동감 있는 영화였다. 나 자신도 한 가지 생각에 사로잡혀 다른 이들의 생각을 받아들이지 않은 적은 없는지 되돌아보게 했다.

숫자 9는 십진법에서 가장 큰 수로 마지막 수에 해당한다. 새로운 생명이 아홉 달 동안 배 속에 있다가 세상의 빛을 보게 된다는 숫자 9는 새로운 시작의 의미도 있는 것일까. 99세를 '백수(白壽)'라 말하는데 100(百)에서 하나(一)를 뺀 것으로 장수를 뜻한다. 9는 '10을 기다리는 숫자'로 완전(十: 열 십)하게 나아가기 위한 고통스러운 수를 말하기도 한다. 성경에서는 사랑, 희락과 화평은 하늘로부터 주어지는 은혜의 결실이요, 오래 참음, 자비와 양선은 이웃을 향한 열매요, 충성과 온유, 절제는 성령의 인도함을 받는 성도들의 행동 지침으로 모두 성령의 아홉 가지 열매로 나타나 있다.

　유치원생 손녀는 잘 익은 앵두 터지듯 자신의 주장이 무척 강하다. 원하는 것은 울면서라도 손에 쥐어야 직성이 풀리는 아이다. 아들 부부가 외출하면서 내가 맡은 손녀에게 냉동 블루베리를 간식으로 한 컵 주었는데 더 달라고 하면서 울기 시작했다. 찬 음식이라서 배탈이 날까 봐 울음 그치기를 기다리며 주지 않았다. 결국 또 한 컵을 받고서야 울음을 멈추었다. 손자는 내성적이고 스스로 자기의 일을 조용히 책임감 있게 하지만 말수가 적어 답답할 때가 있다. 책 읽기를 좋아하고 종이접기를 즐긴다. 작은아들은 법 없이도 살 수 있는 착한 아들이다. 중고등학교 시절, 청년부 담당 전도사는 아들이 너무 마음이 넓어 다른 아이들이 그것을 교묘하게 이용한다고 했다. 그는 무엇이든지 자기 탓으로 돌리는 배려심이 넉넉한 아들이다. 큰아들은 손재주가 있어 창의력이 넘친다. 의리에 강하고 다른 이의 잘못을 눈감아주지 않는 도전적인 성격의 소유자다. 서로 다른 성격과 가치관을 가진 손주와 아들을 바라본다. 각자의 개성이 다르지만 서로의 다름을 존중하며 다른 이들에게 비전을 주는 9와 같은 인물이 되었으면 한다.

　손주와 아들이 성령의 아홉 가지 열매를 맺으며 살아가기를 바란다. 선한 영향력을 발휘하고 어려움에 처한 이를 돕는 포용력 있고 이타적인 자가 되길 소망한다. 두 아들과 손주를 9월에 태어나게 한 우주의 신비를 알 수 없지만, 숫자 9의 상징적 의미를 되새겨본다.

고 클라라 박 교수님을 그리며

느지막한 점심을 먹고 소파에 걸터앉으며 카톡을 열었다. 칼스테이트 노스리지 대학(CSUN)에서 교사 자격증을 준비하던 시절, 함께 공부했던 캐런 선생님이 보내준 글을 열어보았다. 거기에 난데없이 대학 은사인 클라라 박 교수님의 얼굴이 나타났다. 교수님의 부고 소식이었다. 가슴이 철렁 내려앉았다. 뇌출혈이란다. 옛날 생각이 몰려오면서 눈물이 와락 쏟아졌다. 내 가슴을 받치고 있는 기둥 하나가 무너지듯 내려앉았다.

2002년 CSUN을 찾은 나는 한국어 교사 자격증 과정을 위한 입학 절차를 마치고 그곳에서 박 교수님을 처음 만났다. 그때만 해도 한국인 교수를 만나기 힘들었을 때라서 오랜만에 친정어머니를 만난 듯이 반가웠다. 박 교수님은 33세에 미국 땅을 밟고 USC에서 석사와 박사 학위를 취득한 후 CSUN에서 30년 동안 교육학 교수로 재직하셨다. 교수님은 교육학 분야에서 지칠 줄 모르는 학자의 길을 걸으셨다. 박 교수님은 한국어 교사 자격증을 받으려는 학생들을 정성으로 지도하셨다. 이중언어 교육 프로그램의 예비 한국어 교사인 내가 전액 장학금을 받을 수 있도록 힘써 주시기도 했다. 심지어 한국어만큼 영어도 잘 구사해야 한다며 여름 방학에는 강도 높은 영어 학습을 할 수 있도록 안내해 주셨다. 미국 땅에서 당당한 한국어 교사가 되도록 물심양면으로 지원과 격려를 아끼지 않으셨다.

한국어 교사 과정을 끝내자, 교수님은 한국어 교사 자격증만으로는 중고등학교에서 일하기 힘들다면서 수학 교사 자격증 취득에 필요한 수업을 들으라고 권하셨다. 나는 또다시 수학 교사가 되기 위한 긴 여행을 시작했다. 무사히 과정을 마치고 LA 동부에 있는 공립 고등학교에서 교사 생활을 시작할 수 있었다. 지원 당시 교수님은 추천서도 직접 써 주셨다. 지금 생각해 보면 박 교수님은 많은 한국어 교사 배출에 초석이 되신 분이셨다. 제자를 향한 박 교수님의 열정은 식을 줄 몰랐다. 어떻게, 무엇을 통해 한국어를 가르치는지 자주 이메일로 물으시고 본인은 연구자로서의 길을 걸으셨다. 교수님이 주신 수많은 격려와 따뜻한 사랑의 이메일이 지금도 내 우편함에서 나를 깨운다. 나는 이민 후 쉰 살이 넘어 박 교수님 덕분에 교사가 되었다. 그리고 13년의 교직 생활을 끝내고 지난 2019년 6월 은퇴했다.

교수님이 생각나는 해에는 성탄절 선물을 정성스레 포장하여 대학으로 부치곤 했다. 선물을 보내지 않아도 되는데 고맙게 잘 받았다고 이메일로 일일이 답을 주셨다. 선한 표정으로 차근차근, 그리고 조용히 말씀하시던 교수님의 온화한 모습이 그립다. 돌아가시기 전에 자주 찾아뵙지 못해 죄책감과 후회가 남지만 되돌릴 수 없다. 교수님의 흔적을 뇌리에 깊이 뿌리내려 나도 누군가에게 선한 영향을 주는 자가 되고 싶다.

　눈을 감고 조용히 말해 본다. "45세에 교육학 박사 학위를 받으셨을 때의 소원이 실컷 자는 것이라고 하셨지요? 하나님 품 안에서 마음껏 주무세요. 감사했습니다, 사랑합니다, 교수님!"

아버지와의 약속

아버지는 치과의사로 9남매 중의 장남이었다. 막냇삼촌은 나의 큰오빠와 동갑이다. 할아버지는 한의사이셨는데 막내를 낳은 지 얼마 후 돌아가셨다고 한다. 할머니와 고모, 삼촌까지 대식구를 부양하는 막대한 책임을 지는 분이 아버지셨다.

할머니는 신실한 불교 신자셨다. 절에서 불공을 드리고 불상을 세워야 한다며 치과 의사이신 아버지의 하루치 병원 수입을 걷어 가시곤 했다. 할머니는 하루 종일 병원 의자에 앉아서 주무시듯 눈을 감았다가 뜨는 것을 반복하였다. 어두컴컴한 저녁이 될 때까지 진료실에서 기다리셨다. 뉘엿뉘엿 해가 질 때쯤이면 아버지가 번 수입을 당신의 것으로 당연시하며 모조리 다 챙겨갔다. 어머니는 병원에서 보조사처럼 아버지를 도우며 정성스런 손길로 환자를 보살폈지만 아버지의 모든 수고가 물거품으로 변하는 것을 바라만 보셨다. 나는 할머니를 보며 찌푸리는 어머니 모습에서 그 마음을 읽을 수 있었다. 아버지는 애써 환한 표정을 지으며 하루 수고를 거둬가는 할머니를 배웅했다. 그 미소 뒤에 감춰진 깊은 한숨과 인내를 뚜렷이 느낄 수 있었다. 내가 크면 약사가 되어 아버지를 호강시켜 드리겠다고 아버지와 손가락을 걸었다.

아버지는 우리 네 남매뿐 아니라 세 고모와 삼촌들을 돌보셨다. 어깨에 맷돌을 맨 것처럼 버거웠으며 자신의 힘든 처지를 혼자서 삭여야만 했다. 어머니는 많은 식구를 뒷바라지하느라고 오랜 시간 힘들어하셨다. 외국어 대학에 다니는 삼촌 뒷바라지도 아버지가 도맡아 하셨다. 내가 초등학교 시절, 경기여고를 졸업한 쌍둥이 고모가 타이피스트로 미국에 이민을 갔다. 이민 간 작은고모는 한국에 있는 큰고모와 삼촌들을 한 사람씩 초대하여 미국으로 데리고 갔다. 그 뒤로는 연락이 끊겨 여태껏 그들의 생사를 알 수 없다.

친할머니가 돌아가시고 고모와 삼촌들이 미국으로 건너가 무거운 짐에서 벗어날 때쯤 아버지에게 예기치 않은 질병이 찾아왔다. 발가락부터 허리까지 마비가 와서 혼자 걷지를 못하셨다. 지금 같으면 휠체어를 사용했겠지만, 작은오빠가 집에서 치과 병원까지 이십여 분 거리를 아버지를 업고 일 년간 출퇴근하였다. 작은오빠가 군대에 간 후에는 제대하고 나온 큰오빠가 5개월간 업고 출퇴근시켜 드렸다. 동네에서는 큰오빠와 작은오빠를 보며 효자라는 칭찬이 자자했다. 아버지는 걸을 수 없는데도 오빠의 등에 업혀 환자들을 보살피러 병원에 나가셨다. 아마도 새로운 환자를 진료하기보다 단골 환자들에 대한 배려이면서도 생계를 위해 나가신 것이 아닐까. 환자와 가족을 위한 책임과 사랑으로 손을 움직일 수 있을 때까지 진료하셨다.

아버지는 주말이면 우리를 낚시터에 데리고 가실 정도로 가족에 대한 사랑도 특별하셨지만, 자녀 교육에는 남달리 엄격하셨다. 오빠들은 아버지의 엄격한 규율 속에서 지내는 것을 힘들어 했다. 두 오빠는 활달하고 친구가 많았다. 자신을 통제 못해 학업에 열중하지 못하고 담배를 못 끊는다고 아버지에게 야단도 많이 맞았다. 나와 여동생은 아버지의 기타 반주에 맞춰 함께 노래를 불렀다. 전축을 틀어놓고 아버지와 마주 보고 웃으며 엄지발 끝으로 허공에 동그라미를 그리고 허리를 돌리며 춤을 추기도 했다. 중학교 시절까지 그렇게 함께 놀아주던 아버지가 돌아가신 날, 나도 함께 아버지를 따라가겠다고 서럽게 울었다. 지금도 고등학교 때 잃어버린 아버지에 대한 그리움이 절절히 밀려온다. 아버지가 돌아가신 후, 사립대학 등록금을 감당하기 어려워 나는 약사가 되는 것을 포기했다. 2년제 교육대학을 선택하여 초등교사가 되었다. 직장 생활을 하면서 아버지와의 약속을 지키고자 약사가 되기 위해 편입하는 길도 생각해 보았다. 하지만 교사라는 직업이 나의 적성에 맞아 거의 반세기를 초등교육과 중등교육을 위해 일하다 은퇴했다. 아버지와의 약속을 지키지 못한 죄책감이 아직도 내 마음 한구석에 여울져 남아 있다. 그렇지만 하늘나라에 계신 아버지께서 '잘했다, 내 딸아, 교육을 위해 힘껏 살아줘서 고맙다'라고 말씀하시리라 믿는다.

<u>스스로</u>에 대한 삶의 애착보다는 맡겨진 가족과 환자에 대한 사랑만을 짊어지려고 했던 아버지. 그분의 모습이, 진료실 속에 고여 있던 웃음소리와 눈물이 교차하여 아버지와의 약속을 지키지 못한 내 마음을 아프게 한다.

퀼트 전시장에서

 선배의 퀼트 전시장에 갔다. 대학 동문과 함께 보랏빛 난꽃으로 바구니를 만들어 축하 카드를 꽂아 들고 갔다. 전시실에는 정성이 가득 담긴 선배와 그 제자들의 작품이 걸려 있다. 우리의 만남은 45년 전 한국의 잠실에 있는 초등학교에서 시작되었다. 그녀가 미국으로 1990년대에 이민해 와서 힘들었던 시절에 퀼트와 인연을 맺고, 바라던 대로 이제는 어엿한 강사가 되어 위티어 아트 갤러리에서 전시회를 하고 있다.
 퀼트의 어원은 라틴어로 '채워 넣은 물건'이라고 한다. 퀼트는 자투리로 남은 천을 포개어 그 안에 솜을 넣고 한 땀 한 땀 바느질로 조각을 이어 나가는 기법이다. 처음 퀼트는 이집트인과 중국인 그리고 튀르키예인들이 추위를 피하기 위한 방한용품으로 만들었고 15세기 유럽에서는 여인네의 치마 속에 입는 패치 코트에 사용되었다. 17세기 초에는 침대 퀼트 이불이 선보였고 아름다운 디자인보다 단순하고 튼튼한 실용 퀼트가 사용되었다고 한다.
 전시된 퀼트 위 정원에는 한 땀씩 놓아 만들어진 수국, 해바라기, 장미, 벚나무 등의 꽃이 흩날리고 울타리 안에는 이름 모를 꽃이 피어 있다. 정원 중앙의 나무에는 새와 새집과 앙증맞은 가방이 즐비하게 놓여 있다. 조금 더 가까이 가보니 한 땀씩 실과 바늘이 지나간 흔적을 따라 꽃이 되기도 하고 구름이 피어나기도 하고 비가 내리치기도 한다. 눈에 띄는 또 다른 작품은 작은 천 조각의 모임으로 조각마다 가지고 있는 색채에 의해 따뜻한 느낌과 찬 느낌이 가슴속에 스며든다. 마치 물감으로 점점 흐리게 시작하여 갈수록 점점 진하게 큰 화면 위에 뿌려 놓은 것 같다. 실과 바늘, 색색의 자그마한 천 조각을 이어 색환표를 만들어 놓은 듯하다. 이것을 어떻게 누볐을까?

또 다른 코너에 있는 퀼트에는 창문이 보인다. 그 유리 너머로 하얀 식탁 위에 놓인 흐드러진 꽃도 일품이다. 낚싯대를 멘 아이, 담벼락에 빨래를 널고 있는 소녀, 세발자전거를 타는 소녀, 두둥 떠가는 구름을 따라가는 오누이, 커다란 재래 솥을 걸어놓고 요리하는 깜찍한 소녀 등 동화 나라가 펼쳐진 듯하다. 모든 퀼트 속에는 상상 속의 이야기가 담겨 있다.

소품 전시대에 갔더니 꽃으로 누빈 핸드백, 휴대전화, 보석과 도시락 가방 등을 무늬와 색의 조화를 이용하여 정성스럽게 누빈 실용적인 작품이 많았다. 선인장을 만들어 화분에 담아낸 것은 살아 있는 식물처럼 생생해 보였다. 바늘과 실로 누비는 퀼트가 얼마나 활용 범위가 넓은지 여기에 모인 작품을 보고 실감이 났다.

선배는 어머니 생전에 직접 만든 무릎 덮개를 선물했다. 무릎 위쪽에는 포켓도 만들어져 있었다. 손이 시릴 때는 언제든지 두 손을 납작하게 넣을 수 있어서 어머니는 신문과 성경을 읽으면서 손을 넣고 계셨다. 전시회를 둘러보는 그때는 어머니의 모습과 선배의 따뜻한 마음이 교차하여 내 마음이 어머니를 향해 달려가기도 한 시간이었다.

 한 조각 한 조각으로 여유를 잇고 한 땀 한 땀으로 행복을 기워 완전한 수제품으로 만든 퀼트 작품을 감상하며 우리가 알고 있는 음악, 미술, 문학이 아닌 또 다른 예술의 세계를 경험했다. 인간의 잠재된 재능은 얼마나 무한한지 실감한 하루였다.

 나는 앞으로 글을 쓰며 살아가고 싶다. 선배가 퀼트로 그녀만의 세상을 멋지게 꾸려왔듯이 나도 한 줄의 시, 한 편의 수필로 나만의 이야기를 천천히 수놓으며 작가의 길을 걸어가고 싶다.

내게 가장 힘든 일은

 오늘 전화 한 통이 나를 무겁게 짓눌렀다. 아주버님의 치매가 깊어지고 있다는 소식이었다. 그 순간 내 앞에 펼쳐진 것은 조금씩 기억을 잃어가는 아주버님의 모습이었다. 나는 지금 그 삶의 변화를 받아들이기 힘든, 가파른 마음의 비탈에 서 있다.
 아버지날을 맞아 방문한 두 아들 가족과 함께 한국에 계신 아주버님과 그룹 페이스톡을 했다.
 "얘가 누구냐?"
 "손자예요."
 "그래, 잘 생겼네. 애는 누구고?"
 "손자요."
 금세 물어보고 또 물어보신다.
 "큰아버지, 요즘 어떻게 지내세요?"라고 큰아들이 묻는다.
 "전철 타고 사무실에 매일 갔다 오지." 하신다. 이어 "사무실에 나가 생활비라도 벌어오지. 그럼, 그럼." 하시며 입맛을 다셨다. 잘 걸으시지 못한다는데 말씀은 여전히 그대로다. 몸이 예전처럼 따라 주지 않아도 평생 해오던 습관대로 잊지 않고 말씀하시는 모습에 내 마음은 아려왔다.

아주버님의 반복된 질문에 답하고, 같은 말씀을 되풀이해 듣는 일은 내 마음을 무너뜨리게 한다. 검정고시 거쳐 야간대학을 졸업하고 공인회계사와 대학교수로 한결같이 살아오신 아주버님이셨다. 현재의 삶을 눈앞에서 지켜보는 일은 내 마음을 무력하게 하고 자꾸만 나를 작아지게 한다. 이국땅에서 외면 아닌 외면을 할 수밖에 없다는 사실은 나를 더욱 무능하게 만든다. 눈앞에 놓인 이 고개를 어찌 넘어야 할까. 돌아가는 길은 없는 걸까.

그는 이 씨 장손으로 조상의 묘를 정비하고 족보를 기록하는 일 등 가문의 대소사를 맡았다. 오 남매 중 둘째로 서울로 올라온 동생들을 돌보았다. 남편도 형님 덕분에 대학을 졸업하고 무역회사를 운영하며 많은 도움을 받았다. 노부모를 모시고 살면서 셋이나 되는 동생을 결혼까지 책임지는 가족의 버팀목이었다.

삼 년 전부터 가벼운 치매를 앓고 있었는데 요즘 더 심해졌다고 한다. 두 달 전부터 일어나시지를 못하신다고 한다. 큰조카가 아침 출근하기 전에 의자에 앉혀드리고 직장에 나간다고. 그러면 하루 종일 그 자리에 앉아 계신다고 한다. 가족을 위해 평생을 희생하던 분이었는데 기억이 희미해지고 있다니 믿기지 않았다. 전화 목소리는 여전히 활기찼다. 어떤 것도 해드릴 수 없어 죄책감과 무력감이 밀려왔다. 아주버님을 위해 계속 기도하겠다고 말씀드리고 끊을 수밖에. 옆에서 간호하는 형님이 얼마나 힘들까. 형님 자신도 퇴행성 관절염으로 허리가 굽어져서 힘든 일을 못 하신다. 건강이 좋지 않으신데 우리 가족이 멀리 떨어져 있으니 더 안타까웠다.

얼마 전 아주버님과 다시 통화를 했다. 그나마 다행인 것은 가까운 식구들은 알아보신다. 내 목소리를 들으면 제수씨라고 하지 않고 항상 "박 선생"이라고 부른다. 나는 지금까지 아주버님이 예수님 영접하기를 기도해 왔다. 문화부 장관을 지낸 이어령 교수의 딸이 미국에서 목사였는데 암으로 하늘나라로 가서 이어령 교수가 예수님을 영접한 이야기를 해드렸다. 가만히 듣고 계시기에 곧바로 아주버님에게 영접 기도를 하자고 했다. 아주버님은 머뭇거리다가 할 수 없이 따라 하셨다. 마지막으로 "아멘"까지 어렵게 하셨다. 이 순간 나는 마음의 고개 앞에 서 있었다.

전화를 끊고 아주버님께 말린 소고기와 피스타치오 등 간식거리를 사서 포장하여 부쳐드렸다. 4주쯤 지나 형님이 잘 받았다고 전화하셨다. 한국에도 그런 게 많으니 고생스럽게 부치지 말라고 당부하셨다. 무엇보다도 의치와 임플란트한 것 3개가 저절로 빠져서 씹지를 못하신다는 안타까운 소식이었다. 단백질 음료 한 병씩 드시고 부드러운 음식만 드신다고 한다. 노인들은 하루하루가 다르다고 하더니 이렇게 노화가 급속히 올 줄은 미처 몰랐다.

아주버님은 성실하고 똑똑하셨지만, 지금은 자랑스러웠던 자신을 모른다. 그는 더 이상 세상의 일을 기억하지 못하고 세상도 그의 이름을 잊은 채 시간을 벗어나고 있다. 젊은 시절의 지위와 명성이 바람 따라 사라지고 짧은 걸음으로 맴돌다 조용히 멈추는 삶. 그에게서 기억과 흔적이 사라져 가지만 나는 아무런 실질적인 도움을 줄 수 없다. 끝내 넘기 힘든 고개 앞에서 사랑과 기도가 마음의 길잡이가 되어주었다.

단비 같은 위로

뭔가에 물린 자국이 다리와 발목에 불룩 돋아났다. 처음에는 모기에게 물렸다는 생각에 모기약을 뿌렸는데도 계속 물린 자국이 생겼다. 피부에 빨간 타원형 무늬가 여기저기 흩날리고 그 부분이 견딜 수 없을 만큼 가려웠다.

요즘 욥기를 읽고 있는데 마치 욥과 같은 처지가 되어버린 것 같았다. 하루 이틀이 지나자, 새끼손가락 손톱 크기의 물집이 정강이의 안과 바깥에 생겼다. 곧이어 물집이 터지더니 새빨간 색 얼룩점 모양의 자국이 수없이 생겼다. 겁이 털컥 났다. 혹시 큰 병이라도….

사진을 찍어 피부과 의사에게 이메일로 보내고 전화하니까 환자가 너무 많아 삼 개월 후에야 진료할 수 있단다. 우선 스테로이드 연고와 먹는 약을 처방해 주었다. 처음에는 매일 세 알부터 먹기 시작해서 반 알을 먹기까지 21일간 복용했다. 상처는 점점 가라앉고 있었지만, 스테로이드 부작용으로 얼굴에 독한 여드름이 후드득 생겼다. 이 나이에 여드름이라니. 너무 실망이 되어 어디론가 들어가 조용히 지내고 싶은 마음이 사무쳤다.

랩(Lab)에 가서 14튜브(tube)나 되는 피를 뽑았다. 그렇게 많은 피가 내 팔에서 빠져나가는 것을 보면서 금방 쓰러질 것 같은 마음에 정신을 잃지 않으려고 애를 썼다. 나이가 들어가며 건강하게 살아야 자손에게 누를 끼치지 않을 텐데 하는 마음이 간절했다. 간, 갑상선, 홍반성 낭창(Lupus), 혈관 질환과 관절 등을 조사했는데 최종적인 검사 결과는 모두 정상이었다. 피부과 의사로부터 이메일을 받고 안심하고 있었는데 처방 약을 다 먹고 하루가 지나자, 이번에 다른 두드러기가 나타났다. 다리가 아니라 몸통이었다. 목, 가슴, 겨드랑이, 배, 허리, 사타구니에 오돌토돌 가벼운 분홍색 은진이 고개를 들고 있었다.

다음날 준 응급실(Urgent Care Center)로 갔다. 그곳에는 피부과 의사의 약보다 더 강한 스테로이드를 처방해 주어서 조금 의심이 갔지만 가져왔다.

집으로 오면서 신은 왜 나에게 이런 많은 가시를 주어서 감당할 수 없게 하는지 생각해 보았다. 창조주께서는 시험당할 즈음에 피할 길도 주신다고 했다. 요즈음 묵상하고 있는 욥의 이유 없는 고난을 생각했다. 그는 의로운 자였지 않은가. 나도 현재 일어난 일을 신의 뜻으로 받아들이는 겸손함을 그에게서 배우는 중이었다. 머리에서 내 가슴으로, 샘솟는 사랑이 내려와 이웃에게 베풀기까지의 여정을 고요함으로 기다리며 실천하리라 다짐해 보았다.

사흘 후에 참을 수 없는 가려움과 스테로이드 부작용으로 몸은 다시 만신창이가 되어 갔다. 새벽 한 시에 잠이 깨어 무릎 꿇고

기도했다. 제 생명을 가져가시든지 아니면 고쳐 주셔서 힘을 주시라고.

나흘째 되던 날은 얼굴이 타오르는 가을 단풍처럼 붉게 부어오르고 몸은 분홍빛으로 물이 들어 가렵고 따가워서 도저히 참을 수가 없었다. 새벽 두 시에 남편과 함께 응급실을 찾아갔다. 나보다 앞서 온 사람들이 괴로운 모습으로 듬성듬성 앉아 있었다. 거의 다섯 시까지 따가움과 가려움을 참고 기다리니 입원실이 잡혔고 의사가 가려움증을 해소하는 주사를 주었다. 곧 괜찮아질 거라고 아주 친절하게 말했다. 마치 환자의 위치에서 말하듯 하는 단비 같은 위로의 말 한마디가 밤을 꼬박 새운 나에게 힘이 되었다.

다음 날, 나를 담당하는 피부과 여의사도 이메일을 보내어 다른 피부과 전문의를 소개해 주었다. 소개받은 전문의는 볼록볼록 온몸에 돋아난 두드러기를 보고 코비드 19 백신 부작용이라고 단정 짓고는 항히스타민제 약을 처방했다. 사흘 후에 괜찮아지면 약을 끊으라고 했다. 하루가 지나자, 거짓말같이 두드러기가 없어졌다. 밤에 따끔거림과 가려움도 없어졌다. 하지만 약을 먹는 사흘 동안은 종일 잠에 취해 허공에 붕 떠 있는 것 같이 집중이 안 되어 아무 일도 할 수 없었다.

한 달 동안 나를 괴롭혔던 두드러기 사건을 겪으며 나를 되돌아본다. 이 아픔은 누구에게나 올 수 있다. 신은 고난과 복을 내게 함께 주셨으니 지금 당한 고난이 끝나기를 기다리라는 음성을 듣는다. 왜 나에게만 이런 고통이 왔는가를 지금은 잘 이해할 수 없지만, 그 상황에 골몰하지 말고 주위에 있는 나보다 더 힘든 이웃이나 가족에게 따뜻한 말과 행동으로 격려해 주며, 진정으로 구체적인 도움을 어떻게 줄지 고민해 보라는 음성도 듣는다. 나는 가만히 다짐한다. 이슬과 비처럼 사람들 마음에 스며들게 하며 가뭄에 단비와도 같은 말을 하는 자가 되리라.

견물생심(見物生心)

지난해 초가을 늦더위가 기승을 부리던 날이었다. 갑자기 이층 에어컨이 굉음을 쏟아내더니 작동을 멈췄다. 코비드19 때문에 아무 데도 못 가는 상황이라 수리할 때까지 주르륵 흐르는 땀을 닦아내면서도 참아야 했다. 에어컨이 없는 시대에는 어찌 이 불가마를 견뎠을까 하는 생각이 몰려왔다. 고대 이집트인은 물에 적신 갈대를 창문에 달아 실내 온도를 낮추고 습도를 높여 간이 냉풍기로 더위를 식혔다고 한다. 조선시대에도 석빙고라는 얼음 보관시설이 있었지만 그건 단순히 더운 공기와 찬 공기의 순환인 대류 현상만을 이용한 것이었다. 시대마다 더위를 피하려고 고심한 흔적을 보며 새삼 에어컨의 출현을 고마워하게 되었다.

우리 집에는 노모를 포함하여 재택 근무하는 교사 아들과 손자 손녀 등 여덟 명이 함께 지낸다. 다행히 아래층 에어컨은 작동하지만, 대부분의 시간을 이층에서 보내므로 불편함이 이만저만이 아니었다.

각 방을 들여다보면 무더위에도 불구하고 방문을 닫고 비대면 강의를 하는 아들이 안쓰러웠고, 온라인으로 수업하는 손자의 구슬땀도 안타까웠다. 선풍기와 탁상형 사각 팬(fan)을 다섯 대나 돌리고 보니 너무 시끄러워 손자는 선생님의 설명을 잘 들을 수 없었다. 수업을 진행하던 선생님이 모니터 안에서 "지금 공사 중이니?"라고 묻기도 했다. 정신을 집중하여 효율적으로 수업하기에는 역부족이었다.

전화번호부에서 에어컨 시공회사를 찾았다. 가격이 만만하지 않을뿐더러 이틀을 꼬박 일해야 한다고 했다. 첫째 날에는 안방 옷장 안에 있는 다락방의 난방로를 교체하는 작업을 했다. 그것은 이십여 년이 된 낡은 것이었다. 나는 묵은 먼지가 떨어지지 않도록 담요로 옷과 물건들을 덮어 놓았다. 벽걸이 나무못에는 신혼여행 때 가지고 다녔던 아련한 추억의 자주색 손가방이 걸려 있다. 둘째 날에도 두 명의 기술자가 마당을 왔다 갔다 하면서 정원에 있는 에어컨 유닛과 찬 공기를 다락방까지 끌어올리는 코일 공사를 했다.

드디어 에어컨 수리가 끝날 무렵 반가운 마음으로 옷장에 들어가 보았다. 뭔가 벽이 빈 것 같은 느낌에 고개를 돌려보니 벽걸이에 걸려 있던 작은 가방이 보이지 않았다. 내가 아끼는 가방이 있어야 할 자리가 텅 비어 있었다. 다락방에 있던 한 기술자에게 자주색 가방을 보았느냐고 물으니, 오전까지만 해도 보았다고 했다. 바깥에 나가 다른 기술자에게도 물어보니 그는 무슨 뚱딴짓 소리냐는 듯 고개를 가로저었다. 순간 머릿속이 복잡해졌다. 누군가 가져갔다고 의심이 들기 시작했다. 내 탓이구나! 하는 생각과 함께 왜 가방이 보이게 두었는지 자신이 원망스럽기도 했다.

가방을 챙기지 못한 것이 더 후회스러웠다. 그는 난감해하는 내게 "혹시 아이들이 가져갔는지도 모르잖아요." 무뚝뚝하게 한마디 던졌다. 이미 없어진 것을 어찌하랴. 포기는 했지만 내 머릿속에는 경찰을 불러 그들이 몰고 온 차량 속을 수색하는 모습이 그려졌다.

애가 달아 어쩔 줄 모르는 내 모습을 본 아들이 아버지께 여쭤어보라고 했다. 정원에서 잡초를 뽑고 있던 남편은 퉁명스럽게 말했다. "가져가라고 걸어 놓았나? 그걸 보면 마음이 변할까 봐 침대 옆의 서랍장에 숨겨 놓았어." 상상도 못한 말을 했다. 나는 땅속으로 들어가고 싶었다. 얼른 방으로 뛰어 들어가 서랍장에 앉아 있는 가방을 꺼내어 가슴에 꼭 끌어안았다. 다시 내 손으로 들어오게 된 가방이 나를 다독거렸다.

공연한 사람을 의심하여 물어보고 상처를 준 것이 창피하고 부끄러웠다. 부인하고 싶은 행동과 수치스러운 마음을 모든 신의 창조물은 불완전하다며 나를 달랬다. 이 실수를 어찌해야 하나 갈피를 잡지 못해 허둥대며 밖으로 뛰쳐나갔다. 마무리 작업을 끝낸 기술자가 차 앞에서 청구서를 기록하고 있었다. 풀죽은 목소리로 가방을 찾았다며 정중하게 사과했다. 그들은 대수롭지 않다는 듯이 웃었다. 그럴 수도 있다고 오히려 나를 위로해 주었다. 다음 날 나는 업종별 인터넷 사이트 주소록에서 그 업체 이름을 찾아 별 다섯 개를 주었다.

남편이 견물생심이란 말을 떠올린 탓에 내가 돌이킬 수 없는 잘못을 저질렀다. 삶은 경험과 깨달음의 연속이다. 이 경험이 나에게 주는 작은 울림이 큰 경고가 되어 앞으로는 이런 해프닝이 반복되지 않기를 바란다. 언제나 심사숙고하여 행하고 본의 아니게 남에게 상처를 주는 실수는 하지 말아야지 다짐한다.

말 한마디의 의술

　내가 가장 아끼는 동생은 한국에서 간호학과를 졸업하고 태평양을 건너 미국으로 이주했다. 그녀는 한국에서 의사가 되고 싶었던 욕망을 이곳에서도 누르지 못하고 포틀랜드 주립대학에서 의과대학에 들어가기 위해 영어, 화학, 생물, 물리, 미적분 등을 공부하였다. 둘째아기를 임신 중이었지만 수석으로 졸업하였다. 그 졸업은 네 남매 중 여러 방면에서 우수하고 믿음도 좋은 여동생의 쾌거였다. 머리도 좋지만, 밤새워 공부할 만큼 열정과 끈기가 남달랐다. 자투리 시간을 조금도 낭비하지 않고 시간을 저축하며 사는 억척이 동생이었다.
　졸업 후 MCAT(Medical College Admission Test)에서 우수한 점수를 받아 오리건 의과 대학에 들어가서 4년 공부하고 굿 사마리탄 병원에서 인턴으로 1년, OHSU(Oregon Health Science University)에서 레지던트 2년을 마치고 1992년부터 내과 전문의로 지금까지 근무하고 있다.
　수련의 때는 사흘에 한 번씩 당직을 하며 심장이 멎거나 위급환자를 돌보아야 했다. 그때는 친정어머니가 가사를 도우셨다. 인텔에 다니던 남편의 헌신이 있었지만, 여동생은 극심한 피로에 시달리기도 했다. 밤새워 환자를 돌보고 집에 돌아오면 다섯 살짜리 아들은 엄마가 쉴 수 있게 집에 데리고 왔던 친구들에게 발꿈치를 들고 쉿! 쉿! 하며 모두 내보내기도 했다.

"의사 선생님, 초조하고 걱정이 많아서 잠을 잘 수가 없어요. 뭐 하세요?"

"지금 전화 받고 있어요."

새벽 2시에 당직 의사인 동생에게 걸려온 전화다. 이 상황에서 동생은 약을 처방할 수도 없으니, 환자에게 걱정이 되는 일과 해야 할 일을 적어 놓고 마음을 비우고 푹 자도록 조언해 주었다. 황당했지만 화를 낼 수도 끊을 수도 없는 심정이었다고 한다. 환자를 이해하며 인내심을 발휘하는 의사의 말 한마디가 환자의 병을 예방하고 치료하는 힘이 아닐까.

타주에서 이사 온 여자 환자는 차 없이 혼자 사는데 친구가 데리고 왔단다. 기운이 없고 몸무게가 빠지고 복수가 차서 배가 나와 준 응급실을 찾았다. 동생은 이 환자가 차가 없으니 다시 병원에 올 수 없다고 판단해서 먼저 CT 촬영을 할 수 있도록 조치했다. 간과 폐에 혹이 많이 보이고 췌장에도 혹이 있는 것 같아서 암 전문 의사에게 전화하여 약속해 주고 방사선 담당 의사가 조직검사를 급히 하게 처방하였다. 대부분 의사가 돌보는 환자는 한 명당 15분 정도 배당된다. 여동생은 이 환자 한 명을 위해 4시간이나 걸려 알맞은 조처를 했다. 그 환자는 여동생에게 얼마나 더 살 수 있는지 물었다. 동생은 환자가 자신의 상태를 담대하게 받아들이게 하고 새로운 주치의를 만날 날짜도 잡아주었다. 환자의 두 손을 꼭 잡고 기도해 준 후에 보냈다. 얼마 후 그녀의 암 전문 의사와 전화해 보니 암이 장에서부터 전이되어 손을 쓸 수가 없었다고 한다. 새로운 주치의에게 미리 연락하여 편안한 치료(Palliative Care)를 받도록 했다. 그 환자를 돌보아 줄 사람이 없어서 미리 조처해 주며 환자를 배려하는 여동생의 마음을 읽을 수 있었다. 의사인 동생은 이 환자에게 임종이 가까움을 우회해서 말해 주었는데, 환자는 조금도 동요하지 않고 준비된 자처럼 자기 죽음을 맞이하는 모습을 보았다고 한다.

동생은 교회와 선교단체를 통해 캄보디아, 태국, 중국, 티베트, 코스타리카, 케냐, 온두라스, 과테말라 등 여러 곳에 의료선교를 간다. 특히 케냐는 사막이라 먼지가 많아 벌건 눈으로 안약 한 방울 받아 넣으려고 아침부터 저녁까지 줄 서 있는 사람들이 안쓰러웠다고 한다. 그곳에는 옷이 없어 벌거벗은 아이들이 많았고 더러운 물을 길어 머리를 감고 식수로 쓰는 것을 보고는 그들을 위해 선교비도 지원하고 돌아온 후에도 그 아이들이 눈에 어른거려 그들을 위해 기도하고 있다고 한다. 원주민들이 의사를 본 적이 없다는 오지에 가서 피부병, 눈병, 기생충 감염 등으로 고통받는 사람들을 위해 의료선교를 자원하여 다녀온다. 정기적으로 의료선교를 떠나는 동생은 선교지에 있는 사람들에게 격려의 말 한마디와 봉사로 희망을 주고 있다.

나는 동생과 함께 3년 동안 같은 동네에서 살다가 어머니와 함께 23년 전에 엘에이로 이주했다. 어머니께서 날씨 좋은 이곳으로 오셔서 우울증이 없어지고 편하게 생활하시는 중에 심장 수술을 받게 되셨다. 앞가슴뼈를 가르고 심장 밸브를 갈아 넣는 대수술이었다. 동생은 휴가를 내고 일주일 동안 로마린다 병원에서 지냈다. 심장과 의사와 긴밀하게 연락하고 위험 사항에 대치할 수 있도록 만반의 준비를 다 했다. 동생의 지극한 보살핌으로 드디어 여든여섯의 연세에도 가뿐히 회복하셔서 퇴원하셨다. 어머니는 그로부터 12년을 더 사시다가 작년 겨울에 돌아가셨다. 스무 해 동안 동생은 거의 매달 비행기를 타고 사흘간 휴가를 받아 어머니를 뵈러 오곤 했다. 어머니가 돌아가시기 전인 작년 겨울은 주말마다 동생이 방문했다. 동생이 딸인 동시에 의사로서 어머니께 건네는 한마디의 말, "잘 참으셨어요, 이젠 깨끗이 나으셨어요"라는 말이 고통에서 벗어나게 하고 치유했음을 기억한다. 주말마다 어머니를 뵈러 오는 동생을 반기는 어머니가 활짝 핀 백합처럼 환하게 웃는 모습이 떠오른다.

　의사의 부드러운 미소와 관심 있는 태도가 환자에게는 큰 기쁨과 힘이 된다. 환자를 사랑으로 보살피고 그들의 입장에 설 수 있는 의사의 말 한마디가 굉장한 의술이 될 수 있고 병마와 싸우려는 환자의 의지를 굳게 다지게 한다. 선교지에서 그곳에 있는 환자들에게는 희망을 심어 주는 의사로서 봉사하는 마음을 가진 동생이 듬직하다. 일하고 봉사하는 동안 환자를 대할 때마다 인내심을 갖고 부모와 같이 정성스레 돌보며 정신적인 위안을 주며 감동을 주고받는 동생과 같은 이가 많아진다면 살맛 나는 세상이 되지 않을까.

베푸는 자

 알렌 여사에게서 카톡이 왔다. 오늘 우리 집 점심 식사 메뉴에 잡채도 넣으라며 12시에 갖다주겠다고 한다. 연세가 많음에도 매번 음식을 가져오는 것이 부담되고 미안해서 이번에는 내가 가지러 간다고 했다. 나도 그녀를 위해 팥죽을 쑤고 소고기를 종종 썰어 볶아 굴 소스로 간을 하여 프렌치 빈과 볶았다. 그 여사 댁은 우리 집에서 2마일 정도 떨어져 있다. 요즘 소화가 잘 안 된다는 말이 기억나 뜨끈한 팥죽과 다진 소고기 프렌치 빈을 가져다주었다. 집 앞 정원에는 선인장꽃이 볼그스름하게 올라왔고 연분홍색의 부겐베리아가 흐드러져 있었다. 부지런한 알렌 여사는 정원을 꾸미는 솜씨만큼 요리도 잘 한다. 손가락 마디마디에 통증이 있음에도 불구하고 정성껏 준비하여 만든 잡채를 받아 들고 걸어오면서 그녀에 대해 생각해 보았다.
 삼 년 전 늦가을, 동네 공원을 산책하다가 70대 후반의 알렌 부부를 만나게 되었다. 우리 부부는 한국말로 시편 23편을 번갈아 외우며 걷고 있었다. 집 앞에 있는 크리크 공원을 세 바퀴 돌 무렵, 한국어를 사용하는 우리를 그녀의 남편인 알렌 씨가 불러 세었다. 그가 갑자기 한국말로 "세레나, 여기 한국 친구다."라고 소리치자, 앨런 여사가 웃음을 함빡 머금고 겅충겅충 뛰다시피 반기면서 다가왔다. 우리는 스스럼없이 각자 소개하고 친구가 되었다. 그들은 그해 여름에 뉴욕에서 따뜻한 이곳 캘리포니아로 이사 오게 된 것이다. 알렌 씨는 유대계 미국인으로 대학에서 사회학을 강의하다가 은퇴했고 알렌 여사는 보석상을 하다가 관절염으로 고생하여 비지니스를 접고 이주한 것이다. 매일 저녁 식사 후에 남편과 함께 공원길을 세 번 뱅뱅 돌다 보면 어김없이 그 부부를 만난다. 알렌 씨는 아주 작고 배가 통통한 미색 곱슬이 털의 강아지를 데리고 천천히 걷고 알렌 여사는 휴대전화를 든 채로 황창연 신부의 강연을 들으면서 뒤따라가곤 한다. 그해에 나는 은퇴계획을 하던 중이었다. 함께 걸으면서 그들은 주식에 관한 정보, 특히 건강 보험에 관한 정보를 자세히 알려주었다.

 강한 바람이 부는 겨울이 오면서 현란하고 들뜬 성탄절을 맞이하였다. 그녀는 성탄절 전야에 시나몬 쿠키와 견과류 케이크를 정성껏 구워서 빨강 초록 리본으로 포장하여 가져왔다. 솜씨가 범상치 않았다. 성당에 다니는 그녀는 일주일에 한 번씩 양로병원에 가서 노인들을 돌보는 사역을 뉴욕에서부터 감당하고 있었다. 지금도 플러턴에 있는 양로병원에서 계속 봉사하고 있다. 그녀는 그곳에 계신 외로운 분들과 가족처럼 담소를 나누고 위로하며 그들에게 간식을 만들어 제공하고 있다. 내가 어머니를 모시고 있을 때도 호박죽과 삼계탕을 만들어 온 적이 여러 번 있었다. 어머니가 좋아하던 음식이라 맛있게 드시는 모습이 아른거린다.

그녀는 자신의 많은 나이에도 아랑곳하지 않고 따뜻한 마음으로 이웃을 돌보는 일에 앞장서고 있는 작은 성자다.

알렌 여사 옆집에 중국인 부부가 이사를 왔다. 남편은 중국 천진에서 일을 하여서 일 년 동안은 집에 못 온다고 했다. 스프링클러가 고장이 나서 끙끙거리는 부인을 본 그녀는, 남편에게 나가서 고쳐 주라고 부탁했다. 그 남편은 고쳐 보려고 노력했지만 컴컴해져서 그날은 못 고치고 밤새 인터넷을 뒤져 그 원인을 알아내어 다음날 고쳐 주었단다. 또 같은 동네에 사는 레지오라는 부인이 팔이 아파서 음식을 못 하는 것을 보고는 직접 음식을 만들어서 어린아이들에게 먹이려고 가져다주기도 했다. 그렇게 여든이 가까운 나이에 이웃을 돌보는 것이 쉽지 않을 텐데 자신이 힘들어도 끊이지 않고 살아있는 작은 성자의 모습을 보여주고 있다.

반면에 나는 오미크론으로 인해 꼼짝 안 하고 있다. 하루 종일 문학 강의를 듣고 책을 뒤적이며 한국학교 자료를 만들고 집안일 등, 오직 나를 위한 일에만 집중해 있다. 과연 나는 무엇에 초점을 맞추고 살고 있는가. 인정받고 높아지려는 마음이 아닌 겸손과 섬김을 실천하며 지내고 있는지 자문해 보면서 문득 한 친구가 생각났다. 이곳에서 사귀게 된 지 22년 된 친구다. 백혈병 환자였던 아들을 천국으로 떠나보내고 이제는 당뇨와 신장병을 앓는 남편을 돌본다. 종양이 자란 신장 한쪽까지 떼어내고 투석한다니 그 고생이 얼마나 클지 짐작이 된다. 바로 전자카드를 보내고 아마존에서 건강식품을 주문하여 그녀의 아파트로 부치고 안

부를 전했다.
 이웃을 위해 자신을 낮추고 가장 작은 자가 되는 알렌 여사는 진정으로 큰 사람이다. 그녀와 같은 자가 내 옆에 있어서 나도 주변의 이웃을 돌아보는 계기가 되어 묵묵히 주위를 밝혀주는 계승자가 되기를 기대해 본다. 내 인생이 다하는 순간까지 겸손과 포용으로 또 낮아짐의 자세로 어려운 이웃을 섬기며 살아야겠다. 연약한 이웃에게 선한 이웃이 되는 것을 마음에 품으며.

짧은 날갯짓

산타아나 리버 트레일을 매일 한 시간씩 걷다가 몸 전체가 순백색 깃털로 덮인 새 한 마리를 발견했다. 노란 부리, 길고도 얇은 검은 다리와 기다랗고 가느다란 목을 가진 새는 틀림없는 백로였다. 백로는 먹이가 풍부하여 번식하기 좋은 환경을 찾아 북쪽으로 이동하는 철새로 봄철에 이동하는 도중 따뜻하고 습지 환경이 있는 곳에 머물기도 한단다.

원래 백로는 떼를 지어 다니는데. 한 마리만 다니고 있어서 우린 의아했다. 외로운 백로는 두 주일 동안 자그마한 바윗돌과 마른 숲 사이에서 에스 자로 길게 목을 늘어뜨리고 다녔다. 이 바위에서 저 바위로 힘없이 오갔다. 눈부시도록 하얀 깃털로 잠시 곡선을 그리며 날개를 펼치기도 했다. 멀리 날지 못하는 것을 보아 날개를 다쳤는지 걱정이 되었다. 노란 부리를 앞으로 길게 뻗으려 마치 어딘가 아파 날지 못한다고 호소하는 듯했다. 가까운 거리만 힘겹게 옮겨 다녔다. 흐릿한 눈, 힘없는 날갯짓에 삶의 무게가 보였다. 귀뚜라미 우는 소리가 마른 덤불 속에서 새어 나왔다. 백로가 한 발로 서서 소리에 집중하는 모습이 보였다. 바람 타고 이곳까지 왔을 텐데. 외로운 백로는 동료들과 함께 날던 이역만리 물길을 회상하고 있을까.

엊그제는 그 외로운 백로를 보지 못했다. 어제는 주일이라 산책하지 않았기에 또 볼 수 없었다. 사흘 동안이나 못 본 백로가 궁금해서 오후 4시가 지나 산책로로 서둘러 나갔다. 백로가 있는지 살폈다. 바위가 있는 곳에 다다르니 흰 곡선의 목이 먼저 보였다. 가슴이 두근거렸다. 어디 있다가 온 것일까? 나무 아래 휴식처를 찾은 걸까.

백로는 생존을 위해 먹이를 찾고 위험을 피하며 살아간다. 살아가면서 환경의 영향을 받는다. 날지 못하는 백로는 힘이 없거나 어려운 상황에 부닥쳐 있을 게다. 이동 중에 포식자의 공격을 받았는지, 강풍과 충돌했는지 또는 노화인지 알 수 없다. 아니면 충분한 먹이를 먹지 못해서인지도. 결국 언젠가는 생을 마감하게 되겠지만. 백로는 자연법칙에 따라 살아간다. 내가 만난 백로처럼 멀리 날 수 없다면 자연의 섭리를 받아들이고 그저 머무를 뿐이다.

백로를 보니 나의 지나온 삶이 겹쳐왔다. 나도 어떤 장애물로 인해 힘이 없어 날지 못하는 백로의 모습을 닮은 것은 아닌지 되돌아본다. 인간은 환경을 바꾸고 개척하면서 산다. 생존만이 아니라 복잡한 사회를 이루고 문화를 만들며 산다. 더불어 기술과 도구를 이용해 삶을 편리하게 한다. 반면 백로는 자연 속에서 본능적으로 생존한다. 인간은 의료 기술의 진보로 수명연장이 가능하고 장례문화를 가졌으나 결국 흙으로 돌아가지만, 백로는 조용히 숨어서 죽어 다른 동물의 먹이가 되거나 퇴비로 돌아간다. 모두 자연 속에서 생존하며 삶과 죽음을 겪는다는 공통점이 있다.

　젊은 시절에 높이 날고 싶었지만, 내 어깨에 내려앉은 삶의 무게에 눌려 한 걸음조차 내딛기 힘든 날을 맞이하기도 했다. 날지 못하는 순간을 무서워했지만, 다시 날아보리라 기대하며 살았다. 난소 종양 수술로 어렵게 아기를 가져 성공적으로 수술하여 낳아 길렀다. 은퇴 후 글을 쓰면서 노년을 맞이한 나는 지금 어디쯤 날고 있을까. 지친 것은 아닐까, 두려움에 힘이 빠져 스스로 날개를 접어버린 것은 아닌지. 주저앉는 순간도 멈춤이 아닌 삶의 일부라고 백로가 말하는 것 같다. 쉬어갈 수 있는 결단, 다시 날아오를 수 있다는 바람으로 나만의 날갯짓을 준비하려 한다.

　힘없는 백로를 보며 다시 살리는 방법은 없을까. 동물 유기소에 전화하여 살려보고 싶은 마음이 일어났지만, 야생조류는 해당이 안 될 거라는 남편의 말에 시도하지 못했다. 미래 시대는 로봇이 인간을 대체하고 인공지능이 인간을 지배한다고 한다. 인공지능 의사와 인간 의사를 서로 비교해 본다. 지난 십여 년간 의료기관이 모아온 의료정보로 헤아릴 수 없는 기억을 쏟아내는 AI 의사가 의학 지식을 불러내는 데 1초도 걸리지 않는다고 한다. 그 의사는 휴식을 갖거나 잠도 자지 않는다. 환자들은 인공지능 의사를 더 좋아하고 의지하게 될지도 모른다. 인공지능 의사가 인간의 수명을 연장할 수 있듯이 조류의 수명연장도 가능할 것이라고 믿고 싶다.

　다시 찾아와 바윗돌에 서 있는 백로를 향해 다가갔다. 게슴츠레

한 눈으로 바라보더니 날개를 퍼덕이며 짧은 거리를 날았다. 일 미터쯤 떨어져 있는 바위 곁에 날아가 선다. 내일도 나는 백로를 찾아가 보고 싶다. 그 자리에 변함없이 서 있을까, 아니면 바람을 타고 어디론가 떠나갈는지. 하얀 깃털 사이로 지는 해가 스며든다.

3부
흙에서 찾은 행복

왜 이리 눈물이 나요

내가 태어난 지 70년이 된 날, 두 아들 가정과 함께 모였다. 올리브 가든으로 갔다. 예약은 안 받는다고 하여 4시 정도에 도착했다. 그랬더니 한 시간을 기다리라고 한다. 드디어 자리를 잡고 앉았다. 음식을 다 먹고 코코아 가루로 'Happy Birthday'라고 쓴 타원형 접시와 티라미수 케이크가 나왔다. 직원 둘이 와서 생일 축하 노래를 불러주었다.

집으로 돌아와서 진짜 생일 떡 케이크를 펼쳤다. 열 개짜리 초 일곱 개가 빛을 내고 있었다. 내가 이 세상에서 빛을 본 지 일흔 해가 지났다는 사실이 실감 나지 않았다.

남편이 아내이자 엄마이고 할머니인 나를 위해 축복기도를 했다. 남편은 내 생일을 축하해 주려고 그동안 몰래 키보드를 연습하며 노래를 준비했단다. 그 순간 남편이 무슨 노래를 준비했는지 호기심이 생겼다. 나는 노래를 듣기 전인데 마음이 뭉클했다. 남편은 금빛 마이크를 켜더니 피아노 반주와 함께 노래했다.

"당신이 얼마나 내게/소중한 사람인지/세월이 흐르고 보니/이제 알 것 같아요//당신이 얼마나 내게/필요한 사람인지/세월이 지나고 보니/이제 알 것 같아요//밤하늘에 빛나는 별빛 같은 나의 사랑아/당신은 나의 영원한 사랑/사랑해요 사랑해요/날 믿고 따라준 사람/고마워요 행복합니다/왜 이리 눈물이 나요//밤하늘에 빛나는 별빛 같은 나의 사랑아/당신은 나의 영원한 사랑/사랑해요 사랑해요/날 믿고 따라 준 사람/고마워요 행복합니다/왜 이리 눈물이 나요/왜 이리 눈물이 나요"

　가수 임영웅의 '별빛 같은 나의 사랑아'라고 한다. 처음 듣는 가요였지만 마지막 노래 부분에서 눈물이 왈칵 쏟아졌다. 감정이 풍부하지 않은 나인데도. 이런 모습을 본 며느리도 덩달아 눈물을 훔쳤다. 나는 내 감정을 남편에게 표현하지 않는 성격이다. 그저 남편을 존중하고 필요를 채워주며 지내왔다. 직장 생활하는 동안 각자 맡은 일에 힘을 쏟고 살았다. 일주일 내내 나는 나대로, 남편은 남편대로 일정이 꽉 차 있었다.

　은퇴 후에 친구의 권유로 사이버 문예창작학과에 편입했다. 글을 쓰고 싶었다. 나 자신의 기록도 남기고 싶은 마음이 똬리를 틀고 있었다. 졸업장을 받기까지 과제로 시와 교양서적을 읽으며 후회 없이 학습에 임했다. 한국의 강의 시간에 맞추느라 새벽 세 시 강의가 6주간 계속되기도 했고 독후감 리포트를 쓰느라고 밤 샘하기도 했다. 새벽에 밤을 설칠 때도 남편은 나를 격려하며 용기를 주었다.

　"일흔이 다 된 나이에 무슨 공부를 그렇게 열심히 해? 무리하지 말고 건강 잘 지켜요."

　나는 스물셋에 남편을 선택하여 결혼했다. 내가 직장 다니느라,

또 아이들을 키우느라 헌신했노라고 남편은 두 아들, 두 며느리와 손주에게 말했다. 나는 망각증이 있나 보다. 힘들었던 지난 일은 내 기억에서 희미해졌다. 그저 즐겁고 가치 있게 지금까지 살았다고 자부해 왔다. 내일 지구가 멸망한다 해도 사과 한 그루를 심겠다고 한 스피노자의 말이 떠오른다. 나는 오늘 당장 이 지구를 떠나더라도 후회하지 않는 삶을 살겠다고 다짐하면서 지금에 이르렀다. 물론 지나고 나서 뉘우친 일이 그래도 있었지만.

 남은 생도 이런 신념으로 가족과 이웃을 사랑하리라. 오늘 할 일을 내일로 미루지 않아 여한이 없는 삶을 살기를 소망한다, 후회하지 않을 기쁨의 단을 거두며.

법정 속 하루

 일찍 집을 나섰다. 배심원의 의무(Jury Duty)를 수행하는 날이다. 미국 배심원 제도는 시민이 재판에 직접 참여하여 피고인의 범죄 유무를 판결하는 제도다. 법원에 도착하니 7시 40분이었다. 입구에서 소지품 검사를 마치고 209호로 올라갔다. 나의 짧은 영어로 다른 사람의 시비를 가리는 잘못을 저지르고 싶지 않아 창구에 있는 직원에게 영어가 서투르다고 일찌감치 알려주었다. 컴퓨터에 '면제'라고 입력해 달라고 요청했다. 그 여직원은 나에게 시민권자인지 물었다. 고개를 끄덕이니까 "Just sit and wait."라고 퉁명스럽게 말했다.
 의자에 앉아서 들어오는 사람들을 지켜보고 있노라면 그 모습이 참으로 각양각색이다. 베이지색 중절모를 쓰고 하얀 수염을 늘어뜨린 노인, 백금 코걸이를 건 젊은이, 수화 통역사를 동반한 기다란 검은 머리의 숙녀, 200파운드(약 90kg)가 넘어 걷기 힘들어하는 중년 여인. 에어팟을 귀에 꽂은 학생, 양팔에 문신하고 팔을 흔들며 걸어오는 청년, 커다란 검은 책가방을 메고 들어오는 학생, 실핀을 머리에 꽂은 빨강 말총머리 아가씨, 농구선수 같은 곱슬머리 청년, 지팡이를 짚고도 뒤뚱거리는 노인, 보행 보조기를 밀고 온 주황색 티셔츠의 할머니 등등.

내 주위에 앉아 일하는 사람들의 모습도 다채롭다. 애플 랩톱을 가져와 다리를 꼬고 일에 열중하는 사람, 머리 위에 선글라스를 걸치고 앉아 통화하는 사람, 핸드폰에서 흘러나오는 무언가를 듣는 사람, 핸드폰에서 메시지를 보내거나 글을 쓰는 사람, 멍하니 사색을 즐기는 사람, 눈감고 자는 사람, 책을 읽는 사람, 남색 양복과 흰 와이셔츠를 입고 꼿꼿하게 앉아 있는 사람, 옆 사람과 수다를 떠는 사람, 나처럼 마스크를 쓰고 앉아 들어오는 사람을 눈여겨보는 사람 등 다양한 모습이 어우러져 있다.

9시가 되니 배심원 자격이 없다고 생각하는 사람은 따로 줄을 서라고 했다. 무작위로 시민을 선정하여 배심원 후보로 삼는데 이 의무를 수행하지 못하는 사람들의 의견을 들어주는 시간이다. 심각한 질병이 있는 사람이나 경제적 이유로 배심원 직무 수행이 어려운 사람, 영어를 이해하지 못하거나 구사하기 어려운 사람들 등등. 내 차례가 되어 사무실 안으로 들어가서 담당 직원에게 배심원 의무를 면제해 달라고 했다. 영어가 충분하지 않아 다른 사람의 잘못을 판단할 수 없다고 이유를 말했다. 사무원은 나에게 "Go to the panel and talk to the judge directly." 냉정하게 말했다. 나는 할 수 없이 기다려야만 했다. 법정 영어를 명확하게 이해 못해서 내리고 싶은 결정을 말할 수 없지 않은가. 민사 소송과 형사 소송에 대한 지식이 없어서 공평한 판결을 할 수도 없을 텐데. 그저 아이들이 놀다가 싸우게 되어 잘못한 것을 가리는 것도 아니고 법정 싸움에서 시비를 가려야 하는데 난감했다. 배심원 의무가 유창하지 못한 영어를 사용하는 자에게는 부담이 되고 불편할 수밖에 없지 않으냐고 자신에게 되물었다.

10시가 되니 패널 4-1에 참여하는 65명의 이름을 불렀다. 보안관이 들어오더니 그 사람들을 데리고 나갔다. 그 팀에는 워커를 사용하는 할머니가 포함되어 있었다. 물밀듯이 빠져나간 자리가 헐렁해졌다 이젠 좀 숨을 쉴 것 같아 마스크를 벗었다. 곧바로 안내원이 '모두를 위한 정의'(Justice for All)라는 영상을 내보냈다. 여기저기 웅성대는 소리에 명확히 들리지는 않았지만, 법이 모든 사람에게 공정하고 평등하게 적용되어야 한다는 내용이었다. 누구나 자신의 권리를 지키고, 시민으로서 또 사회의 일원으로서 의무와 책임을 다하자고 했다. 나는 언어의 벽과 문화 차이로 배심원의 역할을 제대로 하지 못하고 있다는 죄책감이 들었지만, 자신을 합리화하면서 다른 것에 눈길을 돌렸다. 10분 휴식하고 오라는 방송이 흘러나왔다. 가져온 스낵을 먹고 다시 209호로 돌아왔다.

이제라도 배심원 의무를 면제해 주고 보내 주기만을 바랐다. 정해진 시간에 들어와야만 하고 갇혀 있는 것이 정말 갑갑했다. 예전에는 상황이 되는 대로 기다리며 참아왔는데 지금은 나의 인내심이 다 닳았나 보다. 모든 대인 관계도, 수필 공부에도, 내 뜻대로 되지 않으면 금방 실망하고 자존심 상하고 포기하게 된다. 꼼꼼하게 계획된 대로 밀고 나가곤 했는데 왜 이렇게 나 자신이 변했는지. 나이 탓인가. 은퇴 후에 글쓰기를 시작했으나 수필도 못 쓰고 시도 못 쓰고 있다. 남은 문예창작 과정을 마치고 나면 한층 더 성숙하고 자유롭게 글을 쓸 수 있을 것이라는 기대를 품어보았다. 배심원 대기실에 앉아 이런저런 나의 미래를 굴려보고 마음을 가다듬었다.

점심시간이 되어 법원 근처에 있는 칼슨즈 주니어에 들러 간단히 먹고 법원으로 들어갔다. 2시 30분쯤 44호 법정으로 50명이 불려 나가는 데 나는 마음속으로 불리지 않길 바랐다.

'휴, 다행이다.' 만약 여기서 불려 가면 판사에게 면제를 요청해야 한다. 그것이 받아들이지 않으면 배심원 인터뷰와 심사를 거쳐야 한다. 그 단계에서 검사와 변호사가 후보들에게 질문하여 편견이 있는지 공정성을 유지하는지 평가하여 최종 12명의 배심원과 예비 배심원을 뽑는다. 그 배심원들은 지정된 1심 재판에 참석하여 증거나 증언을 듣고 피고인이 유죄인지 무죄인지 판결하게 된다. 진땀 빼는 그 과정을 거치지 않아서 날아갈 것 같다.

이제는 대기실에 70여 명 남았다. 또다시 언제 부를지 몰라 몸을 뒤틀고 있었다. 에어컨 바람 때문인지 목과 등이 아팠다. 다섯 시까지는 이제 두 시간 남짓 남았다. 귀중한 시간이 째까닥거리며 춤을 추고 있었다.

3시가 되자 안내 방송이 나왔다. 지금까지 호명하지 않은 사람들은 일 년 동안 배심원 서비스를 안 하게 될 것이라고 강조하며 카운터에 놓인 배심원 참석 증명서(Jury Attendance Certification)를 가지고 돌아가도 좋다고 했다. 이제는 갇혀 있는 기다림의 한계를 벗어나 '야호'를 마음속으로 외쳤다. 누에가 고치 속에서 답답한 시간을 견디고 나비로 탈바꿈하여 하늘로 첫 날갯짓을 펼칠 때처럼 진정한 자유를 온몸으로 느꼈다.

그네가 사라졌다

 두 아들이 우리 집에 오는 날이다. 큰아들은 한국서 오신 장모와 타주의 처제 집을 방문할 예정이고, 작은아들은 봄학기가 시작되면 바빠진다고 해서 오늘을 거사 일로 잡았다. 두 아들이 시간을 맞추어 그동안 계획했던 그네를 없애기 위해 모였다.
 3년 전 코비드가 활개를 치는 동안 그네는 우리 집의 일등 공신이었다. 중학교 교사인 작은 아들이 집에서 온라인 수업을 하면서 세 살짜리 손녀를 맡길 데가 없어서 짐을 싸서 들어왔다. 사랑하는 아들 가족을 돌보며 마음은 편했지만, 몸이 고단했다. 며느리는 토런스 집 근처에 있는 직장에 다녀야 해서 일주일에 한두 번 우리 집에 들렀다. 토런스에서 여기까지 60마일이 넘기에 매일 올 수 없었다.
 그때는 손주들과 공원에도 못 가고 집안에만 갇혀 있었다. 덕분에 뒷마당 정원의 오래된 그네가 유일한 놀이터였다. 남편은 엄마를 찾으며 칭얼대는 손녀를 보듬어 앉고 그네를 태워 주었다. 손녀는 엄마를 잊고 하늘을 날며 공중을 나는 기쁨을 누렸다. 그 순간만은 할아버지 무릎 위에서 마냥 행복해했다.

한참을 타다가 집 안으로 들어오면 계단 밑으로 가서 엎드려 "엄마 보고 싶어…." 하면서 또 울었다. 나는 코끝이 찡했다. 우리 부부는 다시 정원 문을 열고 나가 그네 타기를 시도하곤 했다. 남편은 그네를 타면서 '나비야' 노래를 불러주었다. 때마침 나무에 앉아 있는 나비를 보고 손녀는 "나비다, 너도 엄마 보고 싶지?" "할머니, 엄마 지금 오라고 해. 엄마 보고 싶어…." 하면서 눈물을 뚝뚝 떨어뜨렸다. 그렇게 엄마를 그리워하던 손녀가 코비드가 잠잠해지면서 일 년 후 토런스 집으로 돌아갔다. 이후 집안에 행사가 있으면 손녀와 손자가 우리 집에 와서 코비드 때 타던 그네를 잡으며 말하곤 했다. "할아버지, 우리 코비드 그네 타요."

우리 가족이 이곳에 이사 온 지도 벌써 20년이 넘었기에 시간이 흐르면서 그네가 조금씩 삐걱거려 그넷줄도 내리고 미끄럼틀도 없애야 했다. 유치원 다니는 손녀가 그 말을 들었는지 그네를 없애지 말라고 울면서 할아버지에게 전화했다. 남편은 그네가 어린이들이 타기에 안전하지 않아 버려야 한다고 손녀를 타일렀다. 그 대신 배드민턴 네트를 세워 오빠랑 운동할 수 있게 해주겠다고 약속했다. 두 아들이 차고에서 도구를 가져왔다. 나사를 풀어 해체하고 미끄럼틀도 잘라냈다. 몇 시간 만에 그네가 아른거리는 햇살 속에서 사라졌다. 가족의 이야기가 잘려져 나가는 것처럼 가슴이 휑했다. 추억이 사라지는 것 같아 마음이 썰렁했다. 가족의 역사를 알고 있던 그네를 내 마음에 달아 놓아도 마음 한구석이 허전했다. 이십여 년간 이 정원을 지킨 그네는 가족들의 추억을 안고 있었는데. 그네는 우리 가족의 역사를 알고 있는 증인으로 우리의 이야기와 함께했던 식구와도 같았다. 그네에는 우리 가족의 이야기가 담겨 있다. 그네 아래에서 손녀를 다독이고 이해하고 사랑했다. 서로를 지탱하며 앞으로 나갔다. 하지만 이제는 그 자리에 텅 빈 곳만이 남아 있다.

남편은 그네를 지탱했던 기둥을 50센티미터 크기로 가지런히 잘랐다. 그네가 놓였던 옆 하얀 자갈 위에 나무토막을 기찻길처럼 깔아 놓았다. 나는 일부러 그 기찻길 위에 폴짝 뛰어오르며 천천히 달렸다. 그네가 사라진 후에도 우리의 이야기는 새 방향을 향해 우리 가족 사랑 이야기를 써내려 가리라고 믿는다. 하나님의 말씀을 따라 사는 우리 가족의 삶은 마치 정해진 길을 달리는 기차처럼 흔들림 없이 나아갈 것이다.

싱그러운 바람이 기찻길을 스쳐 간다. 레바논계 미국 시인이며 예술가였던 칼릴 지브란의 말이다. '추억은 일종의 만남이다.' 이제는 그네의 옛 모습은 사라지고 기찻길이 되어버린 그 자리에는 우리의 발길이 닿을 수 있는 만남의 길이 펼쳐져 있다. 우리의 마음속에는 그네의 노래에 이어 배드민턴을 치며 날아오르는 셔틀콕과 기찻길에서 만드는 이야기로 남겨질 것이다. 기찻길에 담길 그 추억은 우리 가족의 사랑 이야기를 풍성하게 만들어 주리라. 그네에 이어 기찻길에 펼쳐질 미래를 기대한다. 다가오는 부활절에는 색색의 달걀을 기찻길 가까이에 있는 나무 위에 숨겨두고 손녀가 찾도록 해보리라 계획해 본다. 그 또한 우리 가족의 역사 속에서 잊혀지지 않겠지. 그네 없는 정원에서도 기찻길을 따라 걷고 배드민턴을 치며 가족의 사랑을 이어 나가고 싶다.

마지막 만남

대추나무 묘목과 나와의 첫 만남이 생각난다. 뒷 정원 울타리 옆에 심고 마주 보고서니 작은 생명이 내게 말을 걸어오는 것 같았는데. 비록 어리고 가늘지만 잘 자라주기를 바라며 감싸안아 주기도 했는데. 17년이 지난 오늘은 이별이다.

불볕더위가 마지막 맹위를 떨치던 9월이었다. 옆집에 사는 캐서린이 우리 집 잔디밭 앞으로 다가왔다. 그녀는 집 뒤뜰로 나를 데리고 가더니 잔디를 가리켰다. 잔디 속에 어린 대추 이파리와 뿌리가 보였다. 어떤 것은 시멘트 바닥까지 뚫고 올라와 있었다. 우리 집 대추나무는 이웃집과의 경계에서 일 미터 정도 떨어진 곳에 서 있다. 심은 지 17년이 되었는데 그동안 캐서린은 아무 이야기가 없었다. 오랫동안 참아오다가 오늘 이야기하는 것이었다. 나는 남편을 불렀다. 정든 대추나무를 2주 안에 베겠다고 남편은 약속했다. "미리 알려주었으면 벌써 조처했을 텐데요." 하면서 남편은 연거푸 캐서린에게 미안하다고 사과하며 그 정원을 나왔다. 나는 나무를 베겠다고 쉽게 혼자 결정하는 남편이 미웠다.

오랜 세월 우리 가족의 일거일동을 다 알고 있는 뒤뜰의 대추나무에 다가갔다. 그 나무는 마치 내 친구 같았다. 조그만 톱니 이 파리가 파르르 떨리는 봄이면 연한 녹색의 앙증맞은 별꽃을 피워 정원을 밝히고, 벌과 호랑나비의 무도회장을 만들었다. 울긋불긋 대추가 익어가는 늦은 가을에는 새들의 먹이로도 변신했다. 대추나무는 텃밭에 있는 상추와 토마토, 호박의 속삭이는 소리를 벗 삼아 아침 햇살을 받으며 그렇게 무럭무럭 자랐다. 손주들의 밀고 당기며 그네 타는 모습, 오르락내리락 미끄럼타는 모습, 떠들썩한 수영장의 물소리도 간직하고 있었다. 하얀 망사 커튼과 풍선 꽃으로 장식한 손주 돌잔치. 눈물 머금은 별이 박힌 밤에 들려준 어머니의 젊은 날 시집살이 이야기, 바비큐 구이와 함께한 잔디밭 사계절 캠프 등 집안의 크고 작은 행사와 함께했던 대추나무다.

친구 같은 그 나무를 벤다고 생각하니 마음 깊은 곳에서부터 멍울이 울컥 올라와 눈물이 났다. 한 바구니씩 따다가 깨끗이 씻어 지인들에게 한 봉지씩 나누어 주던 대추가 없어진다고 생각하니 더 슬퍼졌다. 다정한 친구들에게 대추를 대접하는 것도 올해가 마지막이네….

일주일 후에, 나무를 베는 정원사가 뿌리를 갈아 없애는 기계를 가지고 오겠다고 약속했다. 남편도 아쉬운 마음을 달래면서 대추나무 밑에 담요를 깔았다. 사다리에 올라가 덜 익은 대추와 함께 가지를 쳤다. 나는 커다란 함지박에 노랗고 볼그름한 대추를 훑어 정성스레 담았다. 땀이 비 오듯 쏟아졌다. 함지박 세 곳에 가득 담아 부엌 싱크대로 가져갔다. 대추를 정성껏 씻으면서 창문

너머로 대추나무와 이야기했다. '대추나무야, 지금까지 많은 열매를 맺느라고 수고 많았어. 그 대추를 이웃과 친구들과 나눌 수 있어서 행복했어.'

  손목이 아프도록 대추를 다듬고 씻었다. 한 해 동안 고마웠던 이들을 생각하며 플라스틱 백에 담아 냉장고 한쪽에 쌓았다. 나머지는 먼저 이웃에게 돌렸다. 받는 이들은 웃음으로 받았지만 내 마음은 예전처럼 환하지 않았다. 이제 잘려 나갈 대추나무를 생각하면 옛친구를 잃은 것처럼 마음이 무겁고 우울해졌다. 당뇨를 앓고 있는 남편을 위해 피를 맑고 깨끗하게 해준다는 대추잎을 차로 달여 주기도 했다. 늦가을에는 수확한 새빨간 대추를 말려 찜솥에 넣고 쪄서 타주에 사는 여동생이 방문하면 주곤 했다. 동생은 그것을 인삼과 함께 넣고 삼계탕을 만든다고 했다. 우리 가족은 대추나무와 더불어 이렇게 건강하게 사계절을 지냈는데 이별이라니 전기톱이 못 오게 막고 싶었다. 날아다니는 것, 기어 다니는 것, 돌아다니는 것들을 모이게 하고 무수한 생각을 깃들게 한 이 나무는 내 삶의 일부였다. 인간이 헤어짐을 서러워하고 피하고 싶은데 자연과 분리되는 내 마음도 같은 심정이다.

  첫 만남에 대추나무의 깊고 잘 퍼지는 뿌리를 생각하고 심기만 했어도 이런 이별은 없었으리라고 생각되었다. 멀리 퍼지는 그 나무의 뿌리가 시멘트를 들어 올리고 정원을 망가뜨린다니 진작 알았다면 집 가까이 심지 않았을 것이다. 이제 뿌리 깊은 친구와도 같은 대추나무와 마지막 만남을 앞두고 있다. 그와 헤어짐을 생각하니 눈물이 쏟아진다. 가엽고 애처로운 마음을 감당할 수 없는 나를 바라본다.

 드디어 대추나무를 자르는 날이 왔다. 17년을 함께했던 가지들이 하나씩 잘려 나갔다. 붉은 열매를 품었던 나뭇가지들, 기쁨과 슬픔을 묵묵히 지켜보던 나무 기둥이 조용히 땅에 내려앉았다. 기계가 들어와 깊숙이 퍼진 뿌리를 갈아냈다. 그 자리에 남은 건 움푹 파인 땅뿐이었다. '잘 가, 대추나무야, 기다림이 되어 주고 침묵으로 함께해서 고마웠어. 그리움으로 피어나 내 마음속에서 계속 자라주렴.'

백자 항아리를 품다

옛 친구를 만났다. 그녀는 칠 년 전에 타주로 이사 갔다가 다시 이곳을 찾았다. 한국에서 스튜어디스였던 친구는 백자처럼 그윽하고 맑은 모습과 성품을 지니고 있었다. 우리의 만남은 서서히 깊어져 진정한 우정으로 단단히 자리 잡았다. 그녀는 꿈을 이루기 위한 손끝의 기술과 인내심과 무한한 상상력을 갖추고 있었다.

그녀는 도공이 흙을 빚어 백자를 완성하듯 자신만의 기술을 연마하여 건축물을 만들고 싶은 꿈을 가졌다. 앞으로 백자 항아리의 부드러운 곡선처럼 조화롭고 구체적인 건축 설계를 하고 싶어 했다. 건축을 전공한 남편의 도움을 받아 자신감을 얻어, 가지고 있는 땅을 살기 좋은 노인 아파트 단지로 조성하고 싶어 했다. 또한 그녀는 차고를 개조해 작은 집 한 채를 설계하여 짓는 꿈도 가지고 있었다.

그녀는 놀라울 만큼 참을성이 있었다. 백자가 완성되기까지 여러 단계의 부지런함과 기다림이 필요한 것처럼, 그녀가 목표를 향해 차분하게 마음을 다듬어 가곤 했다. 어떤 어려움에 마주하더라도 인내심을 갖고 해결해 나가는 그녀의 모습이, 백자가 가마 속에서 은근히 구워지며 완성되기를 기다리는 과정과 닮았다.

그녀의 상상력은 끊임없이 흐르는 백자 물결과 같았다. 그녀는 새로운 아이디어와 창의적인 생각을 발전시켜 나갔다. 그녀만의 독특하고 유일한 정원을 꾸며, 그곳을 찾는 이로 하여금 감탄을 자아내게 했다. 텅 빈 앞마당에 나무 아치를 세워 등나무를 올리고, 오똑한 바위가 마주 보게 배치해 정감 넘치는 뜰로 바꾸었다. 시애틀로 이사하기 전에 차고를 개조하여 아늑한 보금자리를 만들어 그곳에 결혼한 딸을 들였다. 나는 그녀의 남다른 기술, 오래 참음과 기발한 상상력을 부러워했다.

그녀는 다양한 상상력을 발휘해 차고를 개조하고 마차를 디자인한 카페를 만들어 놓았다. 그녀의 가족과 우리 부부는 일상을 함께 즐겼다. 그녀와 함께 시간을 보내면서 새로운 시각과 깨달음을 얻으며 내 삶을 되돌아보곤 했다. 나는 그동안 집과 직장을 오가며 갇힌 생활을 해왔다. 연로하신 친정어머니를 돌보고 당뇨 환자인 남편을 챙겼다. 또 아직 결혼하지 않은 사십 대 초반인 아들과 함께 살았다. 자신의 건축 기술을 발전시키려 몰입하는 그녀의 태도가 내게 도전과 용기를 주었다. 그녀는 건축물을 남기지만 나는 무엇을 남길 것인가. 그 물음이 내 마음에서 떠나지 않았다. 내 인생의 기록을 남기겠다는 신념으로 글쓰기에 도전하기로 했다. 작은 결심이 씨앗이 되어 은퇴 후 문학을 공부하고 있다.

그녀의 삶은 불 속에서 구워져 고운 빛을 띠는 백자 항아리와 같았다. 불가마 속 같은 끔찍한 가정 환경 속에서도 꿋꿋이 버텨내며 자신의 삶을 빚어갔다. 그녀가 아버지를 빼닮았다는 이유로 생모인 어머니에게 학대를 받았다고 한다. 그 학대는 전래동화 속 팥쥐 엄마가 콩쥐에게 했던 것과 다름없었다고 고백했다. 초등학교 시절에 설거지와 집안 빨래를 도맡아 했다. 어머니의 불호령이 떨어지면 울면서 생닭을 잡고, 털을 뽑아내며 손질해야 했던 기억도 들려주었다. 나는 평범한 가정에서 자라 왔기에 그녀의 이야기가 더욱 애잔하게 다가왔다. 시련을 견디며 더욱 단단해진 그녀의 모습이 백자처럼 고결하게 다가왔다.

친구를 다시 만나 내 삶에 새로운 불씨가 지펴졌다. 그녀와 함께하는 시간 속에서 나는 다시 한번 꿈을 꾸고 그것을 향해 나아갈 용기를 얻는다. 비가 잦은 시애틀을 떠나 따스한 햇살 아래서 새로운 도전을 꿈꾸는 그녀처럼 나 역시 삶의 여정에서 변함없는 우정을 품고 앞으로 나가길 소망한다. 이번 해에는 멀리 떠났던 친구가 돌아와 백자 항아리처럼 단단하고 온화한 마음으로 내 곁에 머물기를.

사랑의 줄

　큰아들과 미국 동부 관광을 하기로 했다. 새벽 3시에 일어나 집을 나섰다. 어디서 사고가 났는지 교통 체증이 심했다. 오늘 뉴욕 비행기를 못 탈 것만 같아 불안했다. 다행히 5시 30분에 엘에이 국제공항에 도착하여 비행기 안에 올랐다. 뉴욕 공항에 내려서 밴을 타고 숙소로 갔다. 눈 앞에 펼쳐질 폭포를 상상해 보았다. 내 마음은 새로운 세계를 탐험하러 가는 설렘으로 가득 찼다.
　나이아가라 폭포에 도달했다. '천둥소리'라는 뜻을 가진 폭포다. 땅을 뒤흔드는 거대한 소리와 하얗게 피어오르는 물안개가 어우러져 장관을 이루었다. 커다란 바위 봉우리와 절벽에서 물줄기가 떨어졌다. 떨어진 물줄기는 파란 하늘로 솟구쳐 오르기도 했다. 바람이 스치자, 물방울은 수억 개의 작은 물 알갱이로 흩어졌다. 물안개가 햇빛을 받아 반짝이며 은색 실로 엮인 보석처럼 빛났다. 사방으로 흩어지는 물보라는 주변 풍경과 어우러져 한 폭의 그림 같았다. 캐나다로 넘어오기 위해 3시간이나 지체하여 들어왔지만, 그 지루함은 온데간데없다. 나이아가라 폭포는 캐나다의 온타리오주와 미국의 뉴욕주 두 나라의 경계에 걸쳐 있다.

세 개의 폭포로 이루어졌고 각각 높이가 50미터가 넘는다고 한다. 떨어지는 폭포의 양이 엄청 많아서 주변을 강하게 흔들었다. 감탄을 연발했다. 입이 다물어지지 않았다. 자연의 위대함을 실감하며 창조주를 경외하는 마음이 솟구쳤다.

나이아가라 폭포의 매력 중 으뜸은 강 위에 걸려 있는 무지개다리로 나이아가라강 협곡을 가로지르는 아치교다. 무지개다리는 질긴 금속성과 단단한 발판으로 이루어져 있지만, 처음 폭포 사이를 연결한 다리의 시작은 연을 띄워 가느다란 실 한 가닥 연줄로 양쪽을 연결했다고 한다. 연줄에 코일을 달아 잡아당긴 후, 그 코일에 강철사로 매달아 밧줄을 달고, 그 밧줄에 쇠로 만든 케이블을 잡아당겨 구름다리가 놓였다고 한다.

가이드의 설명을 들으며 미미한 연줄이 마치 하나님 사랑의 줄과 닮았다고 생각했다. 연줄이 없이 연은 날 수 없다. 줄이 끊어지거나 줄을 놓치면 연은 잠시 날다가 떨어지면서 폭삭 주저앉는다. 나에게 사랑의 줄이 없었다면 지금의 내가 존재하지 않듯이, 한 가닥의 연줄을 생각하지 않았다면 무지개다리를 세울 수 없었을 게다.

이민 오자마자 새벽 기도 하면서 어디서든 무엇을 하든 하나님의 언약과 사랑의 줄을 절대 놓지 않으리라 마음먹었다. 미국에서 생활은 경제적으로 안정이 안 되어 날이 갈수록 두렵고 불안했다. 내가 선택한 것에 대한 후회를 거듭했다. 새벽 예배를 이어가면서 나의 힘이 되시고 능력 되신 하나님 마음을 알고 싶었다. 나는 드디어 하나님이 보내신 사랑의 줄, 한 가닥을 굳게 붙들었다. 그 언약의 줄을 놓으면 마치 연줄을 놓치듯 곤두박질칠 것만 같았다.

우비를 입고 나이아가라 상류의 급류 지역을 거슬러 올라가고 내려오는 제트 보트를 탔다. 나이아가라 물보라를 흠뻑 맞아 머리부터 발끝까지 습기가 스며들었다. 머리카락은 얼굴에 달라붙고 우비 속의 옷이 물속을 헤엄치는 것같이 젖어 들었다. 내 마음에 하나님의 사랑이 점차 스며들 듯이. 제트 보트는 마치 거센 물결에 흔들리는 조각배 같았다. 천지를 흔들어 내듯 쏟아져 내리는 폭포를 가까이 바라보며 모든 고민과 후회를 다 날렸다. 다시 한번 하나님 사랑의 줄을 붙들리라 마음먹었다. 밤에 본 폭포의 색깔이 무지개처럼 시간이 지나면서 바뀌는 것이 환상적이었다.

때로는 사랑의 줄이 어둠 가운데 꼬이기도 하고 엉키기도 했지만, 인내하는 마음으로 풀 수 있었다. 그 줄은 나를 선한 길로 인도하고 목적이 있는 삶을 향해 걸어가도록 도와주었다. 또한 하나님의 마음을 나누고 세상을 변화시키는 도구가 되기도 했다. 힘들었던 시절에 내가 붙들었던 사랑의 줄을 떠올리면서 레인보우 브리지를 지났다. 미국 쪽 폭포와 무지개다리를 볼 수 있는 테이블 락 포인트와 약 3만 송이로 만든 꽃시계를 보았다. 차를 타고 토론토 쪽으로 가다가 6명이 앉을 자리밖에 없다는 세계에서 제일 작은 교회에 들어가 앉아 보았다. 한 농부가 수확하는 동안 하나님을 예배하기 위해 만들었다고 한다. 농부의 신앙심과 헌신에 경의를 표했다.

여행하는 가운데도 하나님의 사랑 줄이 나를 단단히 붙들고 있음을 깨닫는다. 이 사랑의 줄은 어떤 어려움에 부딪히더라도 흔들리지 않고 끊어지지 않을 거라는 믿음이 생겼다. 연은 바람을 이용하여 높이 떠오른다. 연줄이 없으면 연은 더 높이 올라갈 것 같지만 땅으로 후드득 떨어진다. 하나님 사랑의 줄이 없다면 한없이 자유로울 것 같지만 그 줄이 끊어지는 순간 창조주부터 멀어진다. 나에게 주신 하나님의 언약은 나와 하나님을 연결하는 사랑의 줄이며, 나를 향한 조물주의 마음이다. 그의 사랑에 매여 있는 것이 곧 참자유이며 행복인 것을.

기적이다

 유튜브를 켰다. 고개를 다소곳이 숙이고 양 볼에 사탕 한 알씩 물은 듯 '그 집 앞' 색소폰 연주하는 여자를 보았다. 어디서 본 듯 낯익은 얼굴. 어, 내가 찾던 친구 순이다.
 순이는 대학 시절 같은 동네에서 살았다. 나는 그녀의 언니 집에 자주 놀러 가곤 했다. 그 집은 대궐 같은 전통 기와집이었다. 대학 시절에는 교회학교 분반 공부 교실에 들어와 성경 공부도 같이했다. 대학 졸업 기념 설악산 수학여행 가서는 떨어지지 않고 어디를 가든 붙어 다녔다. 유별나게 새까만 반달눈썹을 가진 순이는 인형 같았다. 우린 옷도 바꿔입고 내가 순이인 척, 순이가 나인 척했다. 머리가 둘 다 길어서 뒤에서 보면 착각하기도 했다. 그녀는 깊은 호수처럼 어떤 말을 해도 그 비밀을 품고 흘려보내지 않았다. 그녀와의 우정은 시간이 지나도 변하지 않는 보석과 같았다. 나는 산들바람처럼 잔잔한 그녀의 모습과 너그러운 성격을 무척 좋아했다.
 대학을 졸업한 우리는 서로 다른 학교에 발령받았다. 내가 결혼하는 날, 순이는 옆에서 내 드레스도 잡아 주고 부케도 받았다.

그 후로 나는 아이들 키우고 직장 생활 하느라고 자주 못 만났다. 몇 년이 흐른 후, 소식이 궁금하여 순이 언니를 찾아갔다. 그 언니 덕분에 외국으로 나가 있는 순이와 연락되어 이메일을 주고받 았는데 Daum 계정이 없어지면서 연락이 끊겼다.

연락이 끊긴 지 40여 년이 흘렀다. 미국에서 철이 지난 대학 동창회보를 받은 어느 날, 읽어 내려가다가 순이의 소식이 실린 것을 보았다. 색소폰 시니어 부문에서 대상을 받았다고 자랑스러운 동문 난에 올라와 있었다. 5년 전에 색소폰을 배우기 시작하여 색소폰 경연대회에서 최고상을 탔다고 한다. 유튜브로 나는 그녀가 연주한 것을 모두 찾아서 들어보았다. 남편과 함께 연주한 것도 있었다. 내가 알지 못했던 그녀의 색소폰 연주에 대한 열정을 화면에서 보고 부리나케 그 영상에 댓글을 달았다.

"순아, 나, 네 단짝이야. 내 이메일로 연락해." 반나절이 지나 알림이 떴다. 이메일로 답이 왔다. 오랜만에 우린 이렇게 다시 만나게 되었다. 나는 순이의 전화번호를 받아 채팅방을 열고 설레는 마음으로 영상통화를 눌렀다.

순이와 연결된 것이 기적이었다. 그녀는 결혼 후에 남편을 따라 영국으로 떠났다. 남편이 영국, 호주, 카자흐스탄 한국교육원장의 직책을 맡아 십여 년간 해외로 나갔다. 그녀는 남편의 임기가 끝나자, 한국에 들어와 명예퇴직을 했다고 한다. 지금은 청평에 전원주택을 지어 닭, 거위, 고양이를 기르며 살고 있다. 퇴직하자마자 갑상샘 수술을 했고, 작년에는 자궁암 수술, 방사선, 항암치료까지 끝내고 면역력이 떨어져 대상포진에 걸려 두 주 동안 고생했다고 한다. 이번 해 11월에 대학 졸업 50주년 행사가 있는데 그때 색소폰 초청연주 하기로 되어 있으니, 한국에 들어오라고 했다. 순이는 동기들 단체 채팅방에 나를 초대했다. 동기들이 반가워서 모두 한마디씩 하니 카톡방에 불이 났다.

 그동안 아파서 쉬었던 색소폰 연주도 다음 주부터 연습할 계획이고 테니스도 아침에 운동하려고 계획하고 있다고 했다. 호주에서 즐겼던 골프도 다시 시작했다고. 그곳 골프 클럽에서 챔피언을 해서 자기 이름이 새겨 있는데 손주 생기면 데리고 가서 자랑하겠다고 했다.

 순이의 얼굴을 영상으로 보고 잠이 안 왔다. 이리도 설레고 벅찬 순간을 경험하지 못한 자는 만남의 환희를 모르겠지. 남과 북 이산가족 만남의 기쁨을 말로 표현할 수 없듯이. 가슴에 묻어 두었던 이름을 소리 내어 부르며 잃어버린 시간을 찾아 다시 시작하는 감동을 어떤 언어로도 담아낼 수 없다.

 대학 졸업 후 50년이 지났다. 오랜 기다림과 그리움이 한순간에 녹아내린다. 세월이 많이 지났음에도 대학 시절 청순한 모습으로 남아 있는 그녀. 이제 건강을 회복하여 새 삶을 계획하고 있는 그녀를 위해 기도하며 자주 연락하여 일상을 나누기로 마음먹는다. 아직도 만남의 감격이 좀체 사그라지지 않은 채 내 마음은 한국으로 날아가고 있다.

이중언어의 힘, 두 가지 선물

 한국어를 배우고 싶어 하는 사람이 늘어나고 있다. K 한류 때문이다. 미아 나카뮬리의 테드 영상 '이중언어 능력의 혜택'을 들었다. 이 영상은 이중언어가 뇌에 미치는 긍정적인 영향에 대해 다루었다.

 이 영상에 따르면, 이중언어 사용자는 환경과 언어 습득 시기에 따라 세 가지 유형으로 나눈다고 한다. 첫 번째는 어린 시절부터 두 언어를 동시에 배우는 경우, 두 번째는 어린 시절 한 언어를 먼저 익힌 후 어린이 또는 청소년기에 다른 언어를 배우는 경우, 세 번째는 성인이 되어 새로운 언어를 배우는 경우이다.

 첫 유형의 경우는 부모가 한국어를 사용하지만, 아이가 영어권 국가에서 태어나고 자라면서 한국어와 영어를 동시에 배우는 경우다. 두 언어를 모국어처럼 자연스럽게 습득하여 발음과 문법을 원어민처럼 익힐 가능성이 높다.

 그 다음 유형의 경우, 십 대에 다른 언어를 배우면 모국어가 확립된 후 새로운 언어를 배우기 때문에, 두 언어가 서로 영향을 줄 수 있다. 발음이나 문법에서 약간의 차이가 있을 수 있지만, 유창하게 구사할 수 있다.

　마지막 유형의 경우는 성인이 되어 유학, 직장, 여행, 이민 등의 이유로 새로운 언어를 학습할 때 모국어의 영향을 더 많이 받는다. 새로운 언어를 습득하는 속도가 느릴 수 있지만 꾸준한 학습으로 높은 수준에 다다를 수도 있다.

　말하자면 이중언어를 배우는 과정은 개인마다 다르지만, 언어를 접하는 시기가 빠를수록 자연스럽게 습득하는 경향이 강하다는 이론이다. 하지만 성인이 되어도 꾸준한 연습과 노력으로 유창한 이중언어 능력을 갖출 수 있다고 한다.

　최근 신경 언어학자들은 뇌 영상 기술의 발전으로 언어를 배우는 것이 뇌에 어떤 영향을 끼치는지 연구했다. 왼쪽 뇌가 논리적 사고를 담당하여 언어 처리를 하고, 오른쪽 뇌는 정서적이고 사회적인 부분에서 활동하고 있음을 알았다. 언어 습득은 분석적이고 사회적 기능을 둘 다 포함한다고 한다. 나이가 들면서 뇌 기능이나 활동이 한쪽 방향으로 집중되거나 발달한다.

　제2 언어를 습득하는 시기에 상관없이 여러 언어를 사용하는 것은 뇌에 이롭다고 한다. 연구자들은 이중언어를 사용할 때 신호를 전달하는 세포인 뉴런과 서로 연결되고 정보를 전달하는 지점인 시냅스를 포함하고 있는 부분에서 뇌의 특정 부분 활동이 높아진다는 것을 알았다. 그 결과 이중언어를 사용한 뇌는 알츠하이머와 치매 같은 병을 최대 5년까지 늦출 수 있다고 한다. 따라서 노년에 외국어를 학습하면 뇌 건강을 유지하는 데 도움이 된다. 새로운 언어를 배우므로 온전한 자아로 독립적인 삶을 살아가게 하는 에너지가 될 것이다.

이중언어를 사용하면 뇌가 짐(GYM)에서 운동하는 것처럼 단련되어, 문제를 더 잘 해결하고, 집중력이 좋아지고, 여러 가지 일을 동시에 처리하는 능력이 길러진다. 이런 이점은 어린이부터 노인까지 나이에 상관없이 혜택을 누릴 수 있다고 한다. 이 영상은 연구에 의한 과학적인 이론을 근거로 노화와 두뇌 건강에 대한 흥미로운 정보를 알려주었다.

이 테드 영상을 시청한 후, 학생들에게 이중언어를 배우라고 적극적으로 권했다. 미국의 고등학교 학생들은 외국어 선택과목으로서 한국어, 스페인어, 중국어, 불어 등을 배운다. 물론 강압적인 것이 아니고 배우고자 하는 학생만 선택하여 배운다. 주말 한국학교의 일례를 들면, 한국어를 가르치고 싶은 부모의 열성도 한몫하여 자녀들이 한국어를 배우고 한국말을 사용하는 데 도움을 준다. 한국어를 가르치려고 한 시간가량 떨어진 곳에서 이른 새벽부터 준비하여 토요일 한국학교에 자녀를 데리고 오는 학부모가 있다.

일부 학부모들은 영어만 잘하면 충분하다고 하며, 이곳에서 살아가는 자녀들은 미국 시민이므로 한국어를 배울 필요가 없다고 주장한다. 그들은 자녀들이 자신의 정체성을 찾는 데 있어 중요한 의미를 놓치기도 한다. 한국어 교육이 단순히 자녀의 뿌리를 찾는 것을 넘어, 이중언어가 주는 다양한 혜택을 제공한다는 점을 먼저 알아야 한다. 이중언어를 학습하면 논리적 사고력과 몰입력이 향상되고 동시 수행 능력이 길러지기 때문이다.

한 가지 언어를 사용하는 아이에 비해 두 가지 이상의 언어를 사용하는 아이는 언어적 자극을 더 많이 받게 된다. 즉 상당한 주의 집중과 두뇌 활동의 양이 많아져서 뇌의 유연성을 높여 준다. 아이들의 두뇌가 두 개 이상의 언어를 사용하면 언어 간 전환에 필요한 노력과 집중이 더욱 두뇌 활동을 촉진한다. 뇌의 대부분을 차지하는 전두엽의 활동을 활발하게 해주는 장점이 있다. 이곳에 사는 한국계 미국인 아이들은 한국어를 익혀 자신의 정체성을 확립하고, 동시에 뇌 발달을 촉진할 수 있어 두 가지 이점을 한 번에 얻는 셈이다. 차세대 어린이들이 이중언어 학습을 통해 다양한 혜택을 누리길 기대해 본다.

디스크 골프 게임

모처럼 맞은 휴일, 집 근처에 있는 디스크 골프 공원을 찾았다. 오솔길 따라 걷다 보니 키 큰 팜 트리가 눈에 들어온다. 벼락에 그을린 나무도 보인다. 조롱조롱 열매를 달고 있는 올리브 이파리는 바람에 살랑거리고 노랗게 핀 꽃도 고개를 내민다. 산 너머 또 산, 산그림자 세 겹으로 둘러싸인 평화로운 공원에 자전거 전용도로도 잘 조성되어 있다.

넓은 풀밭에서는 원반을 던져 바구니에 넣는 일종의 골프 게임을 즐길 수 있다. 공원의 이름이 된 '디스크 골프'는 골프공 대신 플라스틱 원반을 던지는 운동으로 플라잉 디스크라고도 한다. 비싼 골프채와 골프공이 없더라도 원반만 있으면 즐길 수 있다. 디스크를 던지면서 코스를 따라 이동하는데 코스는 9홀, 18홀, 24홀로 구성된다.

디스크 골퍼들이 가장 좋아하는 순간은 '챙' 하는 소리가 날 때이다. 그것은 디스크가 바구니로 떨어지기 전에 쇠사슬과 부딪치면서 나는 소리다. 게임 규칙은 디스크를 던질 때마다 한 번의 스트로크로 계산된다. 18홀을 마치고 장애물을 피해 가장 적은 횟

수로 던진 선수가 승자가 된다. 차도, 자전거 도로, 울타리, 놀이터와 피크닉 테이블 및 쉼터 영역은 모두 경계로 간주한다. 디스크가 경계 밖으로 가면 벌점이 하나 추가된다. 한 팀은 최대 5명까지 경기할 수 있다.

　디스크 골프의 장점은 참 많다. 신선한 공기를 마시면서 자연의 풍경을 즐기고, 회원 간의 우정도 꾀하는 것이다. 게임 기술과 속도감에서 얻는 즐거움 또한 크다. 게임에 필요한 장비는 오로지 비행 디스크인데 경기하면서 넓은 숲속을 마음껏 걸어 다닐 수 있어 매력적이다. 나이, 성별, 경제적 조건에 상관없이 누구나 즐길 수 있다. 일반 골프와는 달리 이용료가 저렴하거나 무료로 이용할 수 있다.

　요즘 남편과 나는 원반 골프를 직접 하지는 못하고 눈으로 즐기는 것으로 만족한다. 젊은이 한 팀이 디스크를 던지는데 속도감 있게 유연하게 잘 던진다. 원반은 꽤 멀리 나간다. 우리 둘은 가던 길을 멈추어 서서 함성을 쏟아낸다. "우와, 나이스, 잘했어요!"

　근래에 남편은 직장에서 무거운 상자를 들다가 엄지손가락과 손목의 인대가 늘어나서 아직 팔이 자유롭지 못하다. 나 역시 얼마 전 어깨 수술을 받은지라 조심하고 있다. 세월이 흐르며 내가 직접 참여하는 일은 줄고 감상하는 시간이 더 많아졌다. 조금은 아쉽고 답답하기도 하다. 나이가 들며 나서서 하지 못하지만, 이런 풍경을 바라볼 수 있어서 감사하다.

　단순한 디스크 골프 게임에 우리네 삶이 담겨 있다. 계획대로 흘러가지 않는 곡선, 기대하지 않았던 장애물, 조금 더 힘을 내고 노력했다면 닿을 수 있었던 바구니 안의 '챙' 소리까지. 나는 허공을 날아다니는 디스크에 내 삶을 실어본다. '늙은이 티 내지 마. 너 아직 할 수 있어'라고 외쳐본다. 누구나 즐길 수 있는 디스크 골프처럼 인생 역시 누구나 즐길 수 있는 게임이고 간간이 챙 소리도 낼 수 있지 않는가. 손목 인대가 늘어난 남편, 어깨 수술을 받은 나. 그래도 우리는 서로 손을 잡고 흥얼거리며 오솔길을 따라 걷는다.

우리는 어디에서 왔는가

    에드워드 윌슨의 『지구의 정복자』라는 책을 읽었다. 책의 부제는 '우리는 어디서 왔는가, 우리는 무엇인가, 우리는 어디로 가는가?'이다. 이것은 고갱의 화폭에 그려진 실존적 질문으로부터 시작되었다.

    이 철학적인 제목으로 폴 고갱은 남태평양의 타히티섬에서 십여 년간 머물면서 때 139.1×374.6cm의 크기로 올이 굵고 고르지 않은 자루용 마포 위에 걸작을 남겼다. 현재 이 작품은 보스턴미술관에 소장 중이다. 뚜렷한 윤곽선과 그림자가 없어 평평한 느낌을 주는 바탕과 강렬한 색채가 고갱 그림의 특징이다.

    고갱은 프랑스의 상징주의를 대표하는 예술가지만 극심한 가난과 좋지 않은 건강으로 자살을 시도하기도 했다. 고열에 시달리면서 밤낮을 가리지 않고 이 작품에 매달려 대작을 완성했다. 이 그림은 인간이 태어나 살면서 죽음에 이르기까지의 인생행로를 나타내고 있다. 고갱 자신의 감정과 내면을 보여주고 인간이 갖는 깊은 고민과 불안을 표현했다. 그의 작품을 보며 믿음과 행동이 분리되어 흔들리는 나 자신을 발견한다. 그동안 나를 억누르고 지배해 온 두려움을 떨쳐 버리려고 애를 쓴다.

이 작품에는 세 가지 주제가 담겨 있다.

오른쪽의 세 여인과 어린아이의 모습은 '우리는 어디서 왔는가?'에 대한 탄생을 보여준다. 우주로 들어가 조물주의 계획으로 태어났다고 할 수 있다. 어깨와 팔이 아파서 힘들어하는 삶 속에서 나를 만드신 창조주를 찾는다.

다음은 '우리는 무엇인가?'에 대한 주제로 화면 중앙에 젊은 남자가 사과를 따고 있다. 살면서 더 많은 것을 원하는 인간의 욕망을 나타냈다. 그를 통해 현재의 나를 바라본다. 그림을 보면서 나는 과연 무엇을 위해 살고 있는가를 되짚어 본다. 소유에 집착하지 말고 이웃과 나누는 삶을 이어가리라 마음먹는다.

마지막으로 '어디로 가는가?'라는 주제로 왼쪽 가장자리에 웅크리고 귀를 막고 고통으로 괴로워하는 늙은 여인의 모습을 본다. 두려움 가운데 있는 인간의 미래를 나타낸다. 흔들리지 않는 믿음으로 거듭나 미래를 두려워하지 않으련다. 그것이 창조주가 원하는 방향이 아닐는지.

또한 오른쪽에서 왼쪽으로 이동하면서 인간이 태어나서 이루는 삶과 죽음에 관한 질문을 하고 있다. 왼쪽 윗부분에 타히티섬의 전설 속 죽음의 여신인 히나의 상이 있고 여신 곁에 고갱의 죽은 딸 알린을 그렸다. 신의 힘으로 딸을 살리고 싶었던 마음이 느껴진다. 고갱 자신도 죽음을 앞둔 시점에서 죽음이 가까운 노인을 강조하여 모든 삶을 포기하고 운명에 맡기는 모습을 본다. 온 곳도 없고, 아무것도 아니며, 갈 곳도 없다는 것을 이야기하고 있는 것은 아닐까. 그는 자신의 예술적인 능력과 창의성을 살려 유언과 같은 그림을 남겼다. 인간의 마음과 인생 여정에 관한 메시지를 시각적으로 전달했다.

고갱의 시각적인 표현과는 달리 삶의 가치와 의미, 죽음에 관한 생각을 다루고 있는 모리 교수의 이야기가 떠오른다. 고갱의 걸작이 완성된 후 100년이나 지난 즈음, 미치 앨봄(Mitch Albom)은 『Tuesdays with Morrie』라는 회고록을 썼다. 제자인 미치는 화요일마다 루게릭병을 앓고 있는 교수를 찾아갔다. 교수가 죽기 전까지 열네 번에 걸쳐 남겨준 교훈을 글로 남겼다. 무엇보다도 인간관계를 중시하여 삶의 가치를 찾고 자기 경험을 공유하여 다른 사람에게 영감을 주라고 했다. 죽음도 삶의 일부로 받아들이고 날마다 완벽한 날이 되도록 살라는 이야기로 감동을 주었다.

두 사람은 과거와 현재와 미래를 통해 죽음을 인식하여 작품을 남겼다. 철학적인 고갱의 삶과 루게릭병으로 고생하는 모리 교수의 긍정적인 삶을 발견한다. 두 사람의 인생관이 겹치면서 작은 바람에도 크게 흔들리는 내 마음을 다잡는다. 끝없는 욕망과 유한한 존재 사이에서 일어나는 근심과 두려움을 내던지고 목적으로 이끄는 삶을 떠올린다. 나의 삶을 창조주에 대한 존경과 선하심으로 가득 채워야겠다고 생각한다. 조물주를 경외하며 사는 것이 지혜로운 인생길로 연결되지 않을까.

작은 세상

헵시바라는 모임이 있다. 그 모임은 3년 전에 성경 1189절을 암송하는 것을 목표로 시작되었다. 하루가 왜 그리 짧은 지 20분 앉아서 차분하게 암송하는 시간을 내지 못해서 다음날 두배로 암송하게 된 날이 많았다. 완벽하게 못 외우더라도 암송을 포기하지 않은 것은 다행이었다. 귀한 인연을 다시 만났으니 말이다.

오랜만에 강 자매 집에서 헵시바 대면 모임이 있었다. 모두가 처음 만나는 자매들이라서 낯설었다. 각자가 자기소개를 했는데, 인도자가 나를 근처 고등학교 교사였다고 덧붙였다. 한쪽 구석에서 얌전히 앉아 자꾸만 나를 쳐다보던 자매가 물었다.

"혹시 학생 중에 데이비드를 기억하세요?"

데이비드가 흔한 이름이라서 고개를 갸웃했다. 어떤 데이비드인지 감이 안 잡혔다. 그러다 갑자기 머릿속에 환하게 불이 켜지며 몇 명의 데이비드가 떠올랐다. 글씨가 삐뚤삐뚤하여 자음과 모음의 획순부터 다시 가르쳤던 11학년 데이비드라는 학생이 생각났다. 또 피아노를 잘 치는 학생으로 1교시 수업에 매번 지각을 잘 하던 10학년 데이비드도 떠올랐다. 기억을 더듬으려 고개를 갸웃거리는 내게 그 자매가 말했다. 데이비드 림. 목사 아들이라고. 순간 9학년 때 가르쳤던 해맑고 우직한 모습의 아이가 떠올랐다. 12학년이 되었을 때 목사 아버지가 췌장암으로 돌아가신 그 아이. 휘튼 대학에 가서 신학 공부하겠다고 하여 추천서를 써주고 합격 후에 약간의 장학금을 준 기억이 필름처럼 돌아갔다.

"신학대학교에 간 데이비드인가요?"

"네, 대학 졸업하고 지금은 탈봇 신학대학원에 재학 중이에요."

여기에서 내가 가장 아끼는 제자의 어머니를 만날 줄은 꿈에도 생각하지 못했다. '작은 세상'이라는 동요에서는 세상은 작고도 작으며 함께 나누고 느끼는 기쁨과 소망이 있어 아름답다고 했던가. 데이비드가 고등학교를 졸업할 때 약속한 것이 한 가지 있었다. 그가 복음을 온 세상에 전하는 훌륭한 목회자가 되도록 함께 기도하겠다고 했다. 나는 약속대로 데이비드가 졸업할 때부터 매일 새벽 예배 후에 그를 위해 기도하고 있다.

다음 날 오후에 그의 어머니가 메시지를 보냈다.

"선생님, 지금 데이비드와 전화 연결하여 세 사람이 통화를 하기로 했어요. 시간이 어떠신지요?"

괜찮다고 답했더니 전화벨이 울렸다.

"선생님, 안녕하세요? 데이비드예요. 저는 선생님을 잊지 못해요. 선생님 반을 너무 좋아했어요."

전화 속에서 흘러나오는 그의 음성을 들으니, 한국말로 교실에서 발표하는 소리가 들리는 듯 반가웠다.

"정말 반갑다. 이제 신학대학원 1년이 남았다고? 거의 다 왔다.

화이팅! 데이비드는 선생님의 자랑스러운 제자다."

그의 어머니는 데이비드 은사를 만나서 기쁘다며 그녀의 가족 카톡방에 나를 소개했다고 했다. 현재 다니고 있는 교회에서 맡은 사역을 어떻게 잘 감당하는지 내게도 알게 해주었다. 그가 출석하는 교회에서는 믿음의 인재를 키우려고 대학원 장학금도 주면서 공부시키고 있다니 감사했다. 일찍 아버지를 여읜 데이비드를 하나님께서 잊지 않고 돌보고 계심을 느꼈다. 교회 강단에서 하나님 말씀을 선포할 데이비드를 생각하며 새벽마다 쌓는 기도가 이루어져 가고 있음에 감사했다.

고등학교에서 가르쳤던 한 학생의 어머니를 전혀 엉뚱한 성경 암송 모임에서 만나게 되어 내가 사는 세상이 넓음과 동시에 얼마나 좁은지를 실감했다. 무심코 지나치기 쉬운 순간도 귀중히 여기고 주변의 관계가 서로 어떻게 엮여 있는지 생각해 볼 일이다. 조물주가 창조한 세상은 우연한 만남과 뜻밖의 관계로 채워졌다고도 말할 수 있다. 비록 교직을 떠나 더 이상 가르침은 없지만 지도했던 학생이 한국계 미국인으로서 긍지를 갖고 이 사회를 밝히는 등불이 되기를 기대한다.

오늘 통화한 데이비드의 미래를 그려보면 마음 설렌다. 작은 세상과 온 세상의 연결이 내 삶을 더욱 열정적으로 매듭짓게 한다. 남은 삶을 의미 있게 이끌고 가도록 데이비드에게 계속 관심을 두고 격려하며 기도해야겠다.

미션인

　미국으로 이민 온 후 우리 부부는 낯선 환경과 익숙하지 않은 언어 속에서도 서로 의지하며 살았다. 다양한 문화와 건축 스타일이 조화를 이룬 미션인처럼 서로 다른 문화 환경 속에서도 우리의 결혼 생활을 이어갔다.

　우리 가족은 오리건주의 한 아파트에서 이민자의 삶을 시작했다. 학교에서 공부하는 것이 입학 초기에는 힘들었던 것처럼 우리 결혼 생활도 이국땅에 살면서 이웃과 소통의 어려움을 겪었다.

　이민 온 지 삼 년이 지난 후 남편이 엘에이에 있는 무역회사에서 일하게 되었다. 새로운 장소에서의 시작은 다른 삶의 양식이 함께 하는 도시처럼 느꼈다. 남편은 볼리비아와 자수 직물을 교역하면서 그들의 문화를 익히려고 노력했다. 버뱅크 중학교에 들어간 아들은 다양한 인종과 함께 배우면서 긍정의 마음을 심으며 자라났다.

　오늘 결혼기념일을 맞아 우리 부부는 '미션인(Mission Inn)'이라는 유적지를 찾았다. 타일로 된 지붕과 감각적인 디자인으로, 붉

은색 아치형 창문과 문이 눈에 띄었다. 이 건물은 위로부터의 압력을 지탱하기 위해 만든 석조기둥과 벨 모양의 장식이 특징이다. 스페인의 문화와 예술적 전통을 반영한 것이라고 했다.

미션인은 미국 국립사적지(U.S. National Historic Landmark)로 보존되고 있으며 캘리포니아 리버사이드카운티에 있다. 한마디로 평범한 숙박시설이 아니라 역사가 담긴 건물이다. 1876년 크리스토퍼 콜럼버스 밀러(Christopher Columbus Miller)라는 토목업자가 건축했다. 그 후로 계속 증축되고 리모델링이 되면서 세계 이곳저곳에서 가져온 공예품 등을 호텔에 전시하기도 했다.

미션인의 다양한 건축 양식은 마치 어우러진 미국의 한 풍경과 같았다. 다민족이 어울려 사는 남가주처럼. 이 건축의 다양성은 스페인의 풍부한 양식에서부터 모로코의 아름다움, 지중해의 매혹, 중국의 고요함, 터키의 독특한 스타일, 바빌로니아의 고전적인 아름다움, 그리고 고딕-하와이언의 독특한 조화까지 녹아 있다고 한다. 미션인은 건축의 역사를 걷는 것처럼, 과거의 기억들이 풍부한 공간 안에 스며들어 있었다.

결혼기념일에 만난 미션인은 새로운 이야기를 담은 한 권의 책을 펼치듯 내게 다가왔다. 나는 직장 안의 다양한 인종과 어울리며 그들의 삶과 문화의 결을 배웠고 서로 다름 안에서 조화를 이루는 법도 익혔다. 대만 사람의 설날인 춘절, 스페인 사람의 성년식을 이해하게 되었다. 이웃에 사는 이스라엘 사람이 성전을 다시 찾은 것을 기념하는 하누카 행사와 아르메니아 사람의 유다민족의식 등 다양한 문화를 존중하게 되었다. 남편과 나는 다른 인종도 내 가족처럼 품을 수 있었다.

비록 오래된 건물이지만, 이 호텔을 둘러보며 고풍스러운 미션인만의 분위기가 느껴져 내 마음도 덩달아 흐뭇해졌다. 미션인은 소박한 뜰과 정원을 갖추고 있어 호텔 내부가 평화로운 분위기다. 미션인의 독특한 건축 양식과 역사적인 흐름은 나의 결혼 생활과 비슷했다. 서로 다른 재료와 스타일이 조화를 이루듯이. 이민 와서 우리는 서로를 배려하며, 다양한 인종 간에 허물없이 다른 문화를 이해하며 살았다. 마치 잘 어우러진 미션인과 같았다. 46년간의 이야기를 되돌아보며 지금까지 결혼 생활을 인도하신 하나님께 감사했다.

내 친구는 해(海) 씨

출렁거리는 바다가 보고 싶어 토런스에 사는 작은아들에게 전화했다. 방학 중이라서 집에 있었다. 뒤뜰에서 깻잎을 뜯어 아들이 좋아하는 깻잎장아찌 만들고 말린 대추를 쪄서 봉지에 담았다. 남편과 점심을 간단히 먹고 91번 고속도로를 탔다. 가는 내내 바닷가에서 무엇을 할지 곰곰이 생각했다. 넘실대는 바다와 파란 하늘을 보며 마음을 가다듬으리라.

아들 집에 도착하여 손주 루크와 함께 레돈도와 토런스 사이에 있는 바닷가를 찾았다. 멀리 출렁거리는 바다가 보였다. 가파른 층계를 따라 바닷가로 얼른 내려가고 싶었는데 현기증이 나서 경사진 길을 따라 굽이굽이 내려갔다. 내려가니 자전거가 다니는 길이 펼쳐지고 그곳을 지나니 보드라운 모래흙이 나를 맞이했다. 검은 쓰레기통 위에 앉아 있는 하얀 갈매기가 보초를 서는 듯 우리에게 인사했다.

아들이 가져온 조립식 햇빛 가리개가 우주선이 달 표면에 둥그렇게 펼쳐지듯 모래밭 아래로 깊이 들어가 세워져 이글거리는 햇빛을 가렸다. 그 밑에 하늘색 간이용 의자를 놓고 하늘이 보이도록 비스듬히 누웠다. 옥색 하늘과 청록색 바다가 지평선을 이루어 내게 다가왔다. 손주는 주황색 타원형 그릇에 밀려오는 바닷물과 손톱만 한 조개를 담아 왔다. 그렇게 여러 번 담아 오면 새끼 조개가 제법 모인다. 한동안 조개를 가지고 놀던 손주는 그것을 다시 바다로 보내곤 했다. 파도에 떠내려온 새끼 조개가 가엽다고 하며.

사람들은 바닷물이 허벅지 정도 오는 곳에 들어가 서 있다가 파도가 밀려오면 부기 보드를 배에 대고 엎드려 파도타기를 한다. 아이들의 함성이 철썩이는 파도 소리에 떠밀려 온다. 수영을 즐기는 젊은이들의 모습을 보면 힘이 넘친다. 멀리서 보트를 타는 사람, 사랑하는 연인과 걷는 이들, 노모를 휠체어에 모시고 나온 자녀, 노장을 과시하는 자전거 애호가, 더위를 식혀주는 아이스크림 차 등 이 모든 광경이 내가 사는 지구 안 모습이다.

바다와 주변의 풍경을 바라본다. 바다는 텅 빈 마음의 푸념에 철썩거린다. 상처 난 눈물에 철썩거리며 내 마음을 씻어 준다. 모든 불평과 억울함을 다 받아 주기 때문에 '바다'라고 이름 지었는지도 모른다. 바다 주변의 풍경처럼 어떤 환경에서든지 무엇을 하든지 조화롭게 살고 싶다. 나만의 색깔과 무늬로, 나에게 주어진 일을 하나씩 차근차근 색칠하여 조각을 이어 나갈 힘과 용기를 바다에서 얻는다. 문득 내가 거대한 바다로부터 힘을 얻고 돌아서는 순간, 가득 차오르다 못해 하얗게 부서지는 바다의 설움이 눈 앞에 펼쳐진다. 나는 얼른 그 서러움을 내 안으로 몰아치고 바다도 평안을 찾으라고 다그친다. 내 친구 해 씨 앞에서 나는 한

갓 미물에 지나지 않지만 내 아픔을 받아 준 바다의 설움도 함께 안고 가고 싶다.

둘째아들이 대학을 졸업하던 해에 캐나다 로키로 함께 여행 갔다. 요호 국립공원의 비취색 에메랄드 호수, 밴프 국립공원의 청명한 레이크 루이스 호수, 제스퍼 국립공원의 보석 메린 호수를 보며 이민 생활에 지쳤던 마음과 몸을 달랬던 적이 있다. 잔잔한 물결이 빛에 반사되어 각양각색 모습 속에서 서로 다름을 인정하고 하나의 빛나는 호수를 이룬 것처럼 나도 직장 안의 모든 이를 품을 수 있게 되었다. 밴쿠버에서 환상의 페리호를 타고 바다를 시원하게 가르며 빅토리아섬으로 이동할 때 일상생활에 찌들었던 영혼과 육체가 새로워지며 치유되었다.

바다는 내 친구다. 특별히 바다 끝에서부터 밀려오는 파도 소리에는 상처를 싸매 주고 치료해 주며 새롭게 일상을 시작하게 하는 역동적인 힘이 숨어 있다. 하얗게 부서지는 철썩거림을 마음에 간직하며 바다로부터 치료받고, 하얗게 밀려오는 설움의 바다를 오히려 내가 위로하는 기이한 순간을 체험했다.

바닷바람이 나를 휘감는다. 어느덧 태양이 서산 너머로 기울고 있었다. 아들은 차양막을 다시 조립하여 거두고 손주는 떠내려온 새끼 조개를 모두 고향으로 돌아가게 놓아준다. 바닷속에 있는 작은 생물이라도 살던 곳으로 보내는 손주의 마음이 예쁘다. 토런스 바닷가에서 내 친구 해 씨와 주고받은 나의 마음을 손주는 이해할까.

감사의 두 얼굴

봄나들이를 하러 갔다. 아침에 실비가 내려 차창에 있는 와이퍼가 바쁘게 움직였지만 조금 지나니 회색 구름이 떠돌 뿐 비는 오지 않았다. 야외 소풍하기로는 최적 날씨다. 나뭇잎 부딪치는 소리, 계곡의 물 흐르는 소리, 새소리가 내 마음을 깨끗하게 해준다. 맑은 공기로 삼림욕을 하는 듯하다. 숲속의 푸근함이 내게 안긴다. 길쭉하고 둥근 톱니 모양의 씀바귀가 인사한다. 이름 모를 보랏빛 꽃이 유난히도 화사하다. 둥그런 바위 양옆으로 흘러내리는 물줄기는 마치 쌍둥이 아기 폭포 같다.

내가 다니는 교회 어르신들이 글렌도라에 있는 빅 달턴 캐년에 모였다. 선발대 섬김이들이 깔아 놓은 분홍색 테이블보는 연분홍 진달래가 피어 있는 듯 계곡의 분위기를 환하게 밝혔다. 테이블마다 블루스타 두 개와 불고기 프라이팬과 삼겹살을 구울 돌판이 올려져 있었다.

찬양이 시작되었다. "주 하나님 지으신 모든 세계 내 마음속에 그리어 볼 때…" 목사님의 간단한 메시지와 국민 체조로 몸을 풀고 8조로 나뉘어 불고기와 삼겹살을 구웠다. 열 명의 도우미가 준비한 청포묵, 콩나물, 상추, 고추, 오이, 샐러드, 배추된장국 등이 푸짐하게 차려졌다. 내 테이블에는 미소를 잃지 않는 김 권사와 연보라색으로 머리를 염색한 멋쟁이 진 권사, 다른 이들의 말을 귀 기울여 들어주고 필요를 채워주는 이 권사가 앉았다. 모두 조용하고 마음이 넓은 분들이다. 이런 자연 속에서 내 마음을 더 신선하게 해준 어르신들이다.

빅 달턴 캐넌은 어린이나 나이 드신 분이 하이킹하기에 알맞은 곳이다. 산이 완만하여 만 보 정도 걸으면 다녀올 수 있기 때문이다. 캠핑 사이트의 관람석에 학생들이 단체로 와서 선생님의 지시대로 걸으며 자연과 함께 수업하는 광경을 보았다. 걷기 힘든 분들은 그 관람석 근처에서 담화를 나누고, 하이킹을 할 수 있는 스무 명만 떠났다.

걸으며 김 권사에게 젊음을 유지하는 비결을 물었다. 감사하는 것이라 했다. 남편이 일찍 돌아가셨음에도 그녀는 늘 웃음을 잃지 않았다. 그렇다. 건강하여 걸을 수 있음에 감사하자. 조그마한 것에서 감사 조건을 찾아 감사하는 일상이 되도록 노력해 보자. 일상에서 당연하게 여기는 것에 대해 감사하는 마음을 갖자. 아침에 일어나서 걸을 수 있고 음식을 먹을 수 있고 주위 사람들과 대화할 수 있는 것에 감사. 의미 있는 삶을 살게 해준 가족과 친구에 대한 감사. 하이킹하며 느끼는 계절의 변화로 자연이 주는 기쁨을 누리는 것에 감사하자는 생각을 했다.

약간의 경사진 곳을 지나 얼마큼 걸었더니 오래된 오크나무 위에 그네를 만들어 놓은 것을 보았다. 김 권사가 그네에 걸터앉더니 그네 타기를 시작했다. 오랜 세월 견디어 온 거대한 오크나무 가지가 휘어졌다. 오크나무 줄기가 비명을 지르는 듯했다. 나뭇가지의 소리 없는 아우성이 내 귀를 자극했다. 녹색 공기의 소리 없는 충만이 숲속 공간을 채웠다. 상큼한 공기를 마음껏 들이켤 수 있어 감사했다. 나무다리를 세 개 지나 다시 캠핑 사이트로 돌아왔다. 멀리 보이는 눈 덮인 발디(Baldy) 산이 마치 한 폭의 동양화 같다. 그 동양화 속에 한 그루의 매화를 그려 넣어보았다. 매화꽃 터지는 소리를 기다리는 마음으로.

청계산 계곡이 떠올랐다. 이곳은 청계산의 물소리와 닮아서 한국의 향취를 느낄 수 있는 곳이었다. 물 흐르는 소리가 마음을 평안하게 해주었다. 산새 울음도 계곡을 따라 흘렀다. 산과 숲이 어우러진 그곳은 계곡 물소리가 유난히도 맑았다. 새끼 돌고래처럼 뛰는 물소리가 계곡에 퍼졌다. 계곡 주변 하얀 바위에 앉아 따뜻한 햇볕을 즐기는 가족, 자연 속에서 피어난 사랑의 꽃처럼 밝은 얼굴로 대화하는 연인, 자신만의 천국을 찾은 듯 홀로 앉아 고독을 즐기는 젊은이 등 계곡을 찾는 모습이 다양했다.

한때 나는 둘째아이를 잃은 상황에서 마음을 달래기 위해 그 산을 찾았다. 전치태반으로 두 달을 휴직하며 제왕절개수술을 하여 얻은 아기를 잃었다. '그리 아니하실지라도'의 감사를 알게 해준 곳이 집 근처에 있는 청계산 계곡이었다. 내가 바라는 대로 이루어지지 않아도 창조주의 사랑을 기억하며 그의 선한 뜻으로 받아들이는 절대 감사로 다가왔다. 기대와는 다른 결과 속에서도 여전히 감사하는 마음을 품게 해준 곳이었다. 힘든 상황이었지만 자연과 함께하며 조건 없이 감사하는 마음이 일도록 노력했다. 청계산 계곡물에 손을 담그기도 하고 점심을 해 먹고 가벼운 등산을 하며 어려움을 이겨냈다. 산길을 따라 계곡을 끼고 걸으면 무거웠던 마음이 가뿐해져 내려오곤 했다. 도시 속에서도 느낄 수 있는 청계산 풍경 소리와 품이 그리워졌다. 나의 여건과 환경에 감사하며 자연과 하나가 되어 자연으로 돌아갔던 그때의 기억이 새롭다.

도시 속에 있는 빅 달턴 캐년 계곡도 신이 준 자연의 보물이다. 자연을 즐기고 쉼을 얻기에는 안성맞춤인 곳이다. 은퇴 후 자연을 즐길 수 있는 여유를 가질 수 있음에 감사했다. 지금 활짝 필 준비를 하는 다양한 꽃이 보름 후면 봄을 환하게 장식하겠지. 또한 갖가지 산새 소리로 상처받은 자의 마음을 치유할 것이다. 여름에는 시원한 계곡물 흐르는 소리가 활기를 더해 주고. 가을에는 붉은 단풍이 이 산책길을 밝혀주고 겨울에는 눈 덮인 하얀 산으로 운치를 더해 줄 것이다.

그동안 잊었던 청계산 계곡의 물소리와 산새 소리, 꽃망울이 터지는 희망의 소리가 숨을 쉰다. 한국에서 마음의 치유를 위해 청계산 계곡을 자주 찾았던 것처럼 사계절 변해 가는 자연의 모습에 감사가 흘러나오도록 종종 이곳을 찾아야겠다. 일상에서 작은 감사의 순간을 찾을 수 있었던 하이킹이었다. 점심을 나누고 대화하며 산책하면서, 자연 속에서 떠오르는 갖가지 상념이 감사의 두 얼굴로 다가온다. 뜻대로 이루어져 감사하는 조건의 감사와 그리 아니 하실지라도 감사하는 절대의 감사. 청계산 계곡을 빼

닮은 빅 달턴 캐넌에서 봄나들이를 무사히 끝내고 하산했다. 차 안에서 요한 슈트라우스 2세의 봄의 소리 왈츠가 경쾌하게 흘러 나온다.

흙에서 얻은 행복

　이른 아침부터 출근을 서두르는 남편을 본다. 코비드 19가 유행하면서 유튜브와 한국 정치 뉴스에만 빠져 있어서 걱정했는데 다행히도 식물원에서 일하게 되었다. 임금에는 별 신경도 쓰지 않았다. 그저 일자리가 생긴 것만으로도 고마운 듯 신이 났다. 오전 10시가 출근 시간인 데도 7시에 집을 나서서 주위가 거무스름한 주황빛으로 물든 오후 6시가 되어야 돌아온다. 몸은 지쳐 보이지만 표정은 밝다.

　남편과 저녁 식사를 마주하면서 이런저런 이야기를 듣는다. 식물원의 사장 아들이 다운증후군 환자인 모양이다. 고집이 세어서 가끔 힘든 일이 생긴다고 한다. 아들은 비위가 상하면 나무를 사러 오는 고객에게 심한 욕을 하고, 그것으로도 화가 풀리지 않으면 집으로 간다면서 자동차에 올라타 버리기도 한다. 마치 어린아이 같아서 남편이 가지 말라고 다독거리곤 한다고 했다. 동정심과 연민의 정이 많은 남편은 그 아들과 함께 있노라면 비 오는 그믐밤처럼 마음이 어두운가 보다. 남편은 그 청년을 도우며 돌보고 싶단다. 식물원에서 또 한 가지 일거리가 더해진 듯하다.

남편의 하루 일정은 챙이 넓은 카우보이 밀짚모자를 쓰고 무릎까지 오는 긴 고무장화를 신고 흙과 사귀는 일이다. 말라가는 화초에 시원한 물을 공급하고 퇴비와 공기가 잘 통하는 화학 알갱이를 5:1로 잘 섞어 거름을 만들어 새 주인을 기다리는 나무 화분 속에 넣는다. 또한 식물원에 차가 들어서는 것을 보면 손님을 맞이하여 모종과 씨앗과 나무를 판다. 손님이 원하는 나무를 자동차에 실어 주는 경우가 많아 항상 허리에 보조 띠를 차고 있다. 손님 중에는 영어를 전혀 모르는 중국 사람도 있다. 의사소통이 이루어지지 않아 남편이 땅바닥에 한자로 가격을 써 주기도 한다. 그제야 가격을 알아챈 중국인에게 나무를 팔게 된 날도 있다고 했다. 그런 사람들은 남편에게 고마워하며 후에 다시 이곳을 찾는다.

고향이 그리워 심심풀이로 시작한 일을 활기차게 해 나가는 남편의 모습은 신혼 시절 교사직에서 물러나 무역회사로 처음 출근하던 때만큼이나 의욕이 넘쳐 보인다. 막상 교사직을 떠나서는 세상 물정에 어두워 일반 회사 업무를 감당해 내지 못할 것 같았는데. 무역회사 대표로 오래 근무하다가 은퇴했다. 나름대로 적응하여 맡겨진 삶을 일구어내는 성실성에 나는 언제나 박수를 보낸다.

남편의 과거 시절로 돌아가 본다. 그는 충청도 입장에서 태어나서 초등학교 3학년부터 풀을 뽑고 모를 줄지어 심고 중고등학교 시절엔 논에 물 대기, 소먹이 주기, 콩밭 매기 등 벼농사와 복숭아도 재배하는 부모님을 도왔다. 드넓은 과수원 원두막에서 복숭

아밭을 지켜내어야 할 때는 깜깜한 여름밤이 무서워 숨조차 쉴 수 없어 검둥이 개를 데리고 갔다.

고등학교 때에는 농사일이 지긋지긋한데 공부하지 말고 아버지 일을 도우라는 어머니 말씀에 쌓였던 화가 치밀었다. 공부하던 나무판자 책상을 마당에 내동댕이쳤다. 화가 난 어머니는 부지깽이로 아들의 종아리를 피멍이 들도록 때리셨다.

그렇게 부모님을 도우면서 농업고등학교를 졸업했다. 대학에 가고 싶어 손때가 묻어 거무스름하게 변하고 찝찔한 냄새나는 헌 책을 구입하여 낮에는 뜨거운 논밭에서 일하고 밤에는 등잔불 아래서 영어 정해와 수학 완성을 공부했다. 등잔불 밑이 어두컴컴한 것도 모르고 지내다가 서울 누나가 가져다준 촛불로 공부하니 세상이 훨씬 밝아졌다고도 했다.

1968년에 형님이 사는 서울로 가서 대학 입학시험을 준비했다. 교육대학 시험에 합격하고 드디어 초등학교 선생님이 되었다. 5년 동안 어린이를 가르치면서 야간 대학에 편입하여 힘겹게 경영학과를 졸업했다. 대학원에 다니면서 무역회사에 입사하게 되었다. 그는 자수를 놓은 직물 무역업에 종사하면서 발바닥에 날개바퀴를 달고 다니듯 온 세계를 드나들었다. 남편의 업무는 유럽, 중동, 남아메리카 등 일 년의 반은 외국으로 나가 주문받아 온 자수 섬유를 생산하여 내보내는 일이었다. 흔들리지 않는 신념으로 근면하고 정직하게 일한 그가 벌어들인 외화는 나라의 경제 발전에 큰 도움이 되었으리라 생각한다.

나이 칠십이 되어 사십여 년간 다니던 무역회사에서 은퇴했다.

가장으로서 가족의 생계를 책임지고 일했던 시간을 추억 속에 곱게 접고 노년의 날개를 펴서 유유하게 비상할 때가 은퇴의 시작이 아닌가. 남편은 언제부터인가 친구들과 골프도 치고 교회 내의 사역도 잘 맡아 하더니 모든 것에 의욕을 잃었다. 엎친 데 덮친 격으로 십여 년 전의 갑상샘 절제 수술로 인해 생겼던 우울증이 재발하고 있었다.

 어느 날 아침 신문에서 구인 광고를 본 남편은 눈을 번쩍 떴다. 어렸을 때의 기억이 정겨운 추억으로 떠올라 식물원을 찾은 것이다. 그는 학창 시절에 부모님을 제대로 돕지 못한 것을 후회한다는 고백을 한 적이 있다. 가난했던 시기에 부모님께 한 실수를 어떤 방법으로라도 기회가 생기면 만회하고 싶어 했다.

 남편은 고향에서의 어린 시절을 그리며 나무를 한그루씩 정성 들여 가꾸노라면 엔도르핀이 솟아난다고 말한다. 그곳에서 키우고 있는 산양도 남편이 챙겨 주는 묵은쌀을 맛있게 먹고 쫄쫄 따라다닌다. 교사 시절의 경험을 되살려 다운증후군 환자인 사장님 아들을 보살핀다. 두고 온 고향의 그리움을 불러내어 식물원에 있는 나무와 이야기하며 온실에서 모종을 심어 가꾸고 가축을 돌본다. 노년의 행복을 찾고 있는 남편을 바라보니 나도 마음이 편하다. 아름다운 수목과 연약한 사람에 대한 사랑으로 인해 남편이 행복해지는 모습을 보는 나도 행복하다.

4부
실수는 새로운 시작이다

만남

아침부터 이슬비가 내렸다. 내가 근무하던 고등학교 외국어 부서의 은퇴 교사와 재직 교사들이 커피숍에서 만났다.

중국어 교사 페잉과 제넷 그리고 재러드가 나왔다. 한국어를 가르치다가 2년 전에 은퇴한 황 교사는 그의 부인이 산책하다가 넘어져 간호하느라고 참석 못했다. 또 수업 시간에 칠판 위에 돌돌 말려져 있던 스크린이 머리에 떨어져서 크게 다친 바버라는 은퇴 하였지만, 건강이 안 좋아서 나오지 못했다.

음료를 주문하려고 메뉴를 보고 있는데 마스크를 쓴 종업원이 "혹시 한국어 선생님 아니세요?" 한다. 나는 놀라서 그에게 "마스크를 벗어야 알겠는데?"라고 말했다. 마스크를 벗으니 내가 오래전에 가르쳤던 학생이었다. 얼굴은 낯익었는데 이름이 전혀 생각나지 않았다. 이를 알아챈 그가 "저 조셉이에요. 뒤늦게 공부해서 지금 대학교 4학년이에요. 컴퓨터 공부하고 있어요." 나는 얼른 "잘했다, 조셉." 하고 격려했다. 무척 반가웠다. 음료와 샌드위치를 주문하니까 조셉은 우리 모두에게 15퍼센트를 할인해 주겠다고 했다. 나는 대신 팁을 듬뿍 주었다. 뜻하지 않게 제자를 만나 옛 시절로 돌아갔다.

 생각하지도 않았던 옛 제자를 만나고 나니 함께 근무했던 선생님들, 점심을 나누던 휴게실, 웃음소리가 그치지 않던 교실과 한국어반 학생들이 그리웠다. 외국어반 오픈 하우스 때는 교실 앞뜰에서 부채춤을 공연하고, 북을 치면서 88 올림픽 노래를 소리 높여 부르기도 했는데. '대—한 민국 짜자작 짝짝' 소리높여 응원가를 부르며 손뼉 치던 한국어반 학생들의 열기가 뿜어 나오는 듯했다.

 한창 가수 '싸이'의 말춤이 유행할 때 K-pop 조별 프로젝트로 '강남스타일' 노래와 춤을 추면서 녹음하였다. 발표 시간에 녹음한 영상을 보면서 모두가 책상을 치며 한바탕 웃은 적이 있다. 서랍 속에 묻혀 있던 추억의 화석 같은 옛 제자들이 떠오른다. 지금은 사회 곳곳에서 각자 맡은 일을 잘 해내고 있겠지.

 얼마 전에 감기 기운이 있어서 코스코에 마스크를 쓰고 갔다. 비타민과 과일을 사려고 급히 서둘렀는데 어디선가 "이 선생님 아니세요?" 얼굴을 가린 나한테 하는 말은 아닐 거로 의심하면서 뒤를 힐끗 보았다. "한국어반 선생님, 맞으시죠?" 청년이 되물었다. 나하고 말이 통했던 데이비드였다. 이름도 또렷이 기억났다. 그 학생은 한국어는 잘 구사하고 작문의 내용도 좋은데, 한글 쓰기는 자음과 모음의 순서가 뒤섞여 있었다. 작문 과제를 주고 나면 가장 읽기 힘들고 손이 많이 가는 학생이었다. 나는 그 학생 작문 끝에 '글씨는 마음의 얼굴!', '바른 글씨 바른 마음'이라고 의견을 달곤 했다. 그 학생이 어느덧 졸업하고 유명 회사의 회계사가 되어 일하고 있다고 했다. 결혼까지 해서 카트에 세 살짜리 딸을 앉혀 끌고 가니 세월이 얼마나 흘렀나 실감이 났다. 데이비드를 위해 자음과 모음을 바르게 쓰도록 애썼던 그 수고가 보람으로 느껴졌다.

은퇴한 중국어 교사 페잉은 말했다. 자기는 요즘 글을 쓰면서 뜨개질도 하고 있다고 한다. 설거지할 때 사용하라고 색실로 짠 수세미를 선물로 나누어 주었다. 재러드는 페잉이 가르치는 중국어반에서 교생을 하다가 채용된 신임 교사다. 그는 우리가 떠나온 후의 학교에 대한 전반적인 변화를 알려 주었다. 새로 부임한 교장 선생님은 학생들의 사회적 활동보다 실력 향상에 집중한다고 했다. 내가 은퇴한 지 벌써 4년이 되었다는 사실이 실감이 안 났다.

삼십 대였던 제넷은 컴퓨터 교육이 전공이라서 내가 학생들을 지도하는 데 많은 도움을 준 중국어 교사였다. 구글 클래스룸 운영이라든지 평가할 때나 설문지를 돌릴 때 사용하는 구글 폼즈 사용에 대해 가르쳐 주었다. 덕분에 나는 온라인 교육 평가 도구를 사용하여 쉽고 간단하게 퀴즈를 만들고 자동으로 채점할 수 있었다. 이 도구로 사지선다 퀴즈 또는 단답식 퀴즈를 만들어 평가할 수 있었다. 또 카홋이나 퀴즐렛을 사용하여 게임을 하기도 하고 간단한 평가를 했다. 지금은 누구나 쉽게 접할 수 있지만 십여 년 전에는 그것이 보편화되지 않았다. 내가 가르치는 학교의 외국어 부서에서는 제넷 덕분에 이런 도구를 사용하여 학생들의 흥미를 불러일으키도록 지도할 수 있었다.

지나간 날이 그립다. 다시 돌아갈 수 있으면 좋으련만. 이런 추억 때문에 은퇴 교사들을 만나면 시간 가는 줄 모르고 과거 속에 빠지게 된다. 만남은 단순한 우연의 시간이 아니라 서로 다른 선택을 한 결과 마주하는 순간이다. 은퇴 후에도 만남이 있기에 지나간 세월을 되돌아보며 꿈을 품고 새로운 시작을 하기도 한다. 새롭게 만나거나 알고 있던 사람을 만나 소통하며 값진 경험을 공유한다. 만남은 용기와 도전을 주어 서로가 성장하며 가치 있는 삶을 살도록 이끌 것이다.

벌써 오후 두 시가 지났다. 고속도로가 밀리는 시간이다. 다음 만날 날을 정하고 우리들은 수다를 멈추었다. 우리가 일어서는데 조셉이 손을 크게 흔들었다. 나도 손을 흔들어 답하고 그곳을 빠져나왔다. 세월이 더 흐르고 나면 오늘의 이 순간도 그리워지겠지.

아버지의 손길

코스코에서 바게트를 샀다. 이 빵은 약간 질긴 편이다. 스트레스를 풀 듯이 질겅질겅 씹어 삼키다 보니 입속에서 무언가 달랑거렸다. 오래전에 충치가 먹어 금으로 씌운 크라운이 빠져버린 것이었다. 어금니 하나가 없는데 왜 이리도 잇몸이 허전한지 모르겠다. 아버지께서 정성껏 만들어 주신 금 크라운이 빠져나가자, 아버지의 손길마저 내 곁을 떠나는 것 같았다. 아침에 이를 닦으려니 이가 빠진 자리의 잇몸이 텅 비어 칫솔이 허공을 닦는 느낌이 들었다.

아버지는 치과의사였다. 진료실에서 하얀 가운을 입고 환자의 이를 꼼꼼히 살피던 눈빛이 다가온다. 이를 깎는 드릴 소리와 소독약 냄새로 가득 찼던 풍경이 떠오른다. 아버지는 돌아가시기 전, 고등학교 3학년 때였다. 아버지는 나의 썩은 어금니를 모두 깔끔하게 금으로 때우고 입혀주셨다. 기공실에는 환자들 이를 본뜬 모습이 즐비했고 금을 녹이는 기구도 있었다. 아버지는 기공실 벽에 '인내는 쓰다. 그러나 그 열매는 달다.'라는 글을 붙여놓고 우리 네 남매에게 그 모토를 가슴에 새기도록 하셨다.

예약을 하고 치과에 갔다. 의사 선생님이 카메라를 통해 어금니를 보여주었다. 금색 크라운이 빠져 있었고 그 안에는 주황색 실이 길게 늘어져 있을뿐더러 속은 텅 빈 강정처럼 비어 있었다. 오랜 세월 동안 그 안에서 뿌리가 녹아 없어졌다고 한다. 뼈가 약해져서 임플란트는 불가능하니 보철과에 가서 브리지를 만들거나 틀니를 하라고 권했다. 남은 뿌리를 제거하는 것도 위험한 작업이니 꼭 보철 전문의한테 가라고 했다. 그 말을 듣고 치과를 나서는 마음과 발걸음이 무거웠다. 유능한 의사를 만날 때까지 인내심을 갖고 기다려야 했다.

어머니는 생전에 틀니와 브리지를 하셨기 때문에 치과에 자주 모시고 갔다. 틀니와 브리지를 만들어 끼는 동안 모시고 다니면서도 그것들이 얼마나 불편한지 알지 못했다. 나는 어금니 한 개가 비어 있는데도 여간 불편하지 않은데. 이제야 어머니의 속내를 읽는 나는 참으로 비정한 딸이었다. 나이가 들어 시나브로 몸에 이상이 생기고 약해지고 있다. 등도 자꾸만 안으로 굽어지고 키도 작아지는 이유는 골다공증 때문임을 안다. 칠십 년 가까이 기계도 사용하면 여러 번 고장이 나리라. 이제야 노년의 어려움을 받아들이고 고장 난 내 몸의 일부와도 함께 즐겨야 함을 깨닫는다.

다음 날 남편이 다니는 치과에 갔다. 그 의사도 같은 처방을 내렸다. 잇몸이 파이고 고쳐야 할 치아가 많아 임플란트가 힘드니 다른 방법을 모색해 보자고 했다. 이럴 때 아버지가 살아계셨다면 내 입속을 세심히 살펴 주시며 치료해 주셨을 것이다. 삶의 중요한 순간마다 멘토가 되어 주신 아버지를 떠올린다.

　식사할 때 씹지 못하는 어금니 때문에 아버지에 관한 생각을 자꾸만 하게 된다. 함께 부르던 추억의 노래, 오른발을 살짝 들어 돌리며 춤추던 모습, 운동회 때마다 병원 문을 닫고 학교 운동장에 오셔서 포크댄스 하는 우리 모습을 지켜보시던 아버지가 너무 보고 싶다. 그동안 까마득히 잊고 지냈던 아버지의 사랑이 멀리서 끝없이 되돌아오는 물결처럼 내 마음을 흔들고 있다.

사랑의 빚

　박완서의 단편소설 '해산 바가지'를 읽었다. '남아 선호 사상'과 '사랑의 빚'이 주제였다. 남아 선호 사상은 오래전부터 뿌리내려 온 한국의 관습이다. 아들은 집안 대대손손 호주로 등록이 되지만 딸은 결혼하면 남의 식구가 되어 버리기에 어쩔 수 없는 현실이었다는 생각을 한다. 그 때문에 의료 과학이 발달하면서부터 산부인과에서 미리 성별을 알아내고 아들이면 낳고 그렇지 않으면 포기하지 않았나.

　이 소설 화자인 주인공의 친구가 불만을 토했다. 며느리가 두 번째도 또 딸을 낳았다는 것이다. 남아 선호 사상이 뚜렷한 그 친구는 아들딸 안 가리고 둘만 낳겠다고 선언한 며느리가 못마땅했다. 반면 소설 주인공의 시어머니는 네 번째 손녀를 맞이하고도 얼굴색 하나 변하지 않고 산후 간호를 해주셨다. 그뿐만 아니라 다섯 번째로 아들을 낳았을 때도 특별한 기쁨의 내색 없이 전과 똑같이 대해 주었다. 시어머니는 졸망졸망 다섯 손주를 다른 사람의 손에 맡기지 않고 손수 길러 주셨다. 한글을 제대로 읽지 못하고 지적인 분위기도 없이 어수룩할뿐더러 삶에 대한 호기심도 없는 분이지만 한결같은 사랑법을 가지고 있었다. 며느리의 해산을 위해 시어머니는 깨끗한 곳에서 자라고, 잘 생기고, 잘 여물은 햇바가지를 '해산 바가지'로 준비했다. 그 바가지는 해산 후 간호 시에 미역을 빨고 쌀을 씻는 정갈하고 경건한 그릇으로 사용되었다.

세월이 흘러 아이들은 다 자랐고 노쇠해진 시어머니는 치매 증상을 보이셨다. 며느리인 주인공은 시어머니 행동에 진저리를 치며 신경안정제까지 먹어야 할 지경이 되었다. 급기야 시어머니를 모실 요양원을 찾아 시골 골목을 뒤지고 다니던 어느 날 초가지붕 위의 잘생긴 박을 보고 깨달음이 왔다. 시어머니의 해산 바가지가 생각난 것이다. 그녀는 출산 때마다 정성을 다해 산후 간호를 해주시며 자신과 손주의 건강과 복을 빌었던 사랑을 잊고 있었다. 아들이건 딸이건 상관없이 생명을 어떻게 반겨야 하는지를 알게 해주신 그 분을. 주인공은 시어머니의 생명도 귀중하게 여겨야 함을 해산 바가지를 통해 깨달았다. 그녀는 시어머니가 돌아가실 때까지 집에서 편하게 모시리라 결심했다. 생명 존중의 사랑을 실천하며 베푸셨으니, 주인공도 그 사랑의 빚을 갚아야 함을 깊이 깨달았다.

글을 읽으며 나는 어머니를 떠올렸다. 어머니는 미국에 오신 후 오리건에 있는 여동생 집에서 두 손주를 키우셨다. 18년이 지난 후, 작은손주가 고등학교에 다니고 큰손주가 동부에 있는 피바디 음악대학에 들어가 집을 떠났기에 더 이상 돌볼 손주가 없었다. 그 후 78세가 되신 해에 따뜻한 캘리포니아주로 오셔서 20여 년간 우리 집에 계셨다. 내가 공부하면서 직장에 다니느라고 바쁠 때 어머니가 집안일을 맡아 해주셨다. 85세에 심장 밸브를 갈고 94세에는 계단 아래에서 넘어져서 갈비뼈 네 군데에 금이 가서 입원하게 된 병원에서 재활센터에서의 회복 후 어머니를 요양원에 모시라고 추천했다. 나는 서울에 있는 두 분 오빠의 의견을 듣고 요양원으로 모시려고 결정했는데 동생이 울면서 극구 반대했다. 어머니는 동생 아이들이 태어나면서부터 고등학교 졸업 때까지 사랑으로 키워주고 미국에서 고생 많이 하셨는데, 집에서 모시면서 편하게 해드리자고 사정했다. 나도 요양원에서는 어머니를 부모처럼 모시지 못할 거라는 생각이 들어 동생의 말에 동의했다.

어머니는 그 후에도 머리를 다쳐서 종합병원에서 치료받고 퇴원 후에 또 재활병원에 들어갔다. 한 달 입원하고 퇴원 후에 집으로 모시고 왔다. 오리건주에 살고 있는 동생은 한 달에 한 번씩 어머니를 방문하여 지극 정성으로 돌보았다. 어머니가 심한 빈혈로 수혈을 받고, 헛소리를 입속에서 되뇌고 힘들어하실 때도 동생은 두 주를 멀다 않고 이곳에 와서 어머니를 돌보았다. 동생은 어머니에게 진 사랑의 빚을 어찌 다 갚을 수 있을까마는 만분의 일이라도 어머니가 살아계실 때 보답했으면 하는 바람이었으리라.

되돌아보면 어머니를 모시는 일에 마음과 몸은 힘들었지만, 한없는 사랑으로 우리 가족을 위해 희생하신 어머니를 집에서 모시게 된 것은 동생의 이 한마디 때문이었다.

"갚을 길 없는 어머니의 사랑!"

나는 과연 어머니에게 빚진 사랑을 티끌만큼이라도 갚았는가 되돌아본다. 어머니 살아생전에 동생 의견을 받아들인 것은 내 인생에서 최고로 잘한 일이었다.

황태 미역국

큰아들이 전화했다. "미미가 감기에 심하게 걸려 기침이 심해요. 집에 가면 면역력이 없는 엄마가 전염될까 봐 걱정되는데 어떻게 할까요?" 건강하던 큰아기가 아프다니 걱정이 앞섰다. 그런 형편이면 이번 일요일 생일 축하 파티에는 오지 말라고 했다. 말은 그렇게 했지만, 마음 한편으로는 서운했다.

내 생일이라 두 아들 내외와 손주가 일요일 오후에 오기로 했다. 2주일 전부터 흑마늘을 만들어 주려고 보온 밥솥에 발효시키기 위해 넣어 두었다. 또 배추와 무를 사서 동치미를 담그고 김치도 만들었다. 맛있게 먹을 아들 식구들을 위해 꼬박 이틀 동안 쉬지 않고 준비했다. 다듬고 절이고 무채 양념을 만들어 야들야들한 배추 속에 먹음직스럽게 집어넣었다. 쉽게 익어버릴까 봐 차곡차곡 돌돌 말아 김치통에 넣고 냉장고에 보관했다.

일하고 들어온 남편에게 자초지종을 말했더니 샌디에이고와 토런스에서 이곳까지 오는 것이 고생이라고 하면서 안 와도 된다고 한 수 더 뜬다. 남편마저 내 편이 아니다. 어머니가 살아계실 때는 한 번도 잊지 않으시고 꼭 생일을 챙겨 주셨는데. 남편과 아들

내외는 그저 그들 편한 대로 밀고 나간다. 마음 갈피에서 어른거리는 어머니의 사랑을 다시 꺼내어 서러움을 달랬다.

아이들을 만나는 것을 포기하고 나흘이 지나고 생일날 아침이 되자 7시에 영상 전화가 울렸다. 아이패드 화면 속에서 여섯 살 손녀의 맑고 청아한 목소리가 들렸다. "할머니 생신 축하해요!"라며 생긋 웃는다. 나도 모르게 "고마워, 우리 공주!" 답하고 나니, 또 옆에서 "할머니 생신 축하해요." 3학년 손주가 머쓱하게 웃고는 이불 속으로 쏘옥 들어간다. 연이어 며느리와 작은아들이 축하한다고 인사한다. 선물은 현금을 송금 앱으로 보낸다고 했다. 출근 전 영상통화로라도 축하해 주니 마음이 조금 풀렸다. 어서 준비하고 직장과 학교에 가라고 재촉하며 서둘러 끊었다.

아래층 부엌에서 부스럭거리는 소리가 났다. 살그머니 내려와 보니 남편이 황태로 미역국을 끓이고 있었다. 나를 보자마자, 생일 축하한다면서 새빨간 튤립 한 다발을 안겼다. 엉겁결에 받고 식탁에 앉았는데 구수한 냄새를 풍기는 뽀얀 미역국 한 그릇을 퍼서 내 앞에 갖다 놓는다. 전혀 상상도 하지 않았던 풍경이었다. 어리둥절해하는 나를 위해 남편은 생일 축하 기도를 오랫동안 했다. 감기 걸려서 내 생일에 못 온다는 아들의 전화에 매우 섭섭했는데, 덕분에 최고의 생일상을 받은 셈이다. 유난히 깊은 맛을 내는 황태 미역국에서 남편의 따뜻한 마음이 전해졌다. 만약에 두 아들이 방문했다면 남편이 맛깔스러운 미역국을 끓이지 않았을 텐데.

점심은 일식집에서 연어 초밥을 사 와서 둘이 오붓하게 먹었다. 아들이 안 와서 섭섭했던 마음을 조금씩 떨쳐 버렸다. 면역력이 없는 우리 부부를 위해 두 아들이 함께 못 했는데 뭘. 아쉽고 서운한 마음을 달래고 있는데 영상 전화 벨이 울렸다.

"어머니, 못 가봐서 죄송해요. 생신 축하해요."

샌디에이고에 사는 큰며느리가 코맹맹이 소리지만 밝은 목소리를 내려고 애썼다. 감기가 심한가 보다. 그 모습이 안쓰럽고 마음이 짠했다.

지금까지 나는 생일이면 온 가족이 모여 북적거리는 것이 당연한 줄 알았다. 세월이 흐르면서 생일의 의미도 달라졌다. 꼭 직접 만나지 못하더라도 멀리서나마 기억하고 축하해 주는 마음이 귀하게 다가온다. 사랑은 값비싼 선물이나 거창한 축하 속에 있는 것이 아니다. 영상통화 너머에서 전해지는 손주의 축하 웃음, 아픈 중에도 축하 인사를 건네는 진심 어린 아들과 며느리의 마음, 정성스레 끓여준 미역국 한 그릇, 이 모두가 내 생일을 특별하게 만들었다. 세월이 지나도 변하지 않는 것은 사랑이다. 생일은 나이를 한 살 더 먹는 것을 뛰어넘어, 사랑을 다시금 확인하는 날임을 깨닫는다. 남편의 황태 미역국은 내게 행복을 느끼게 해준 사랑 음식이 되었다.

실수는 새로운 시작이다

　미주 한국학교 총연합회의 송년회가 있는 날이다. Westridge Golf Club으로 향했다. 연말이 되면서 거리에 교통량이 늘어나 마음을 졸였는데. 다행히 늦지는 않았다. 먼저 오후 5시에 교장 회의가 있었고 연이어 6시에 총연합회의 창립 40주년 기념 한국학교 교사 송년의 밤 행사가 열렸다.
　교장 회의가 끝나고 6시가 되자 교사들이 몰려오기 시작했다. 총회가 시작되어 백범일지 독후감 쓰기 대회와 굿네이버스 희망 편지쓰기 대회 시상식과 장기근속 교사 시상식을 진행했다.
　마지막 순서였다.
　"다음은 한국학교 설립 40주년 기념상입니다. 축하합니다, 드림 한국학교!" 사회자의 말이 떨어지자, 나는 가볍게 일어나 단 앞으로 걸어 나갔다. 동료의 꽃다발을 받아든 후 우리 한국학교 설립 40주년 기념상을 받는 순간 기념패인 크리스털이 내 손에서 미끄러졌다. 기념패는 대리석 바닥으로 떨어져 양쪽 모서리가 깨져 버렸다. 기념패가 떨어지자, 몸이 굳어 조금도 움직일 수 없었다. 사회자가 무어라고 말하는 데 아무것도 들리지 않았다. 나는 예기치 않은 일에 마음마저 얼어붙었다. 금이 가고 깨진 기념패는 마치 빛을 잃은 별처럼 보였다. 그동안 쏟아부었던 사랑의 흔적이 마지막 숨결을 품은 채 누워 있었다.

'판촉물 회사에서 느슨하게 기념패를 상자 안에 넣었기 때문이야.', '내가 손가락에 힘이 없어 꽉 잡지 못해서야.', '축하의 꽃을 받느라고 그랬어.', '기쁨에 들떠서 조심하지 않아 그리되었어.' 등등의 소리 없는 불평이 그 짧은 시간에 내 속에서 넘쳐 나왔다. 그 자리에 모였던 200여 명의 교사가 숨을 멈추었다. 안타까움과 동정 그리고 놀라움으로 정적이 흘렀다. 연합회 회장이 조각난 유리를 치우게 하고 어수선했던 자리를 정리했다.

일부 행사를 마치고 휴식 후에 2부 행사를 진행하겠다는 사회자의 안정된 목소리가 들렸다. 나는 시간을 되돌리길 바라면서 넋 놓고 서 있다가 자리로 돌아왔다. 회장이 나에게 다가와 트로피 회사의 연락처를 주었다. 주문하면 기념패는 2주 후쯤 받게 될 거라고 했다.

현실로 돌아와 정신을 차리고 '실수는 언제든지 누구든지 할 수 있어, 너는 화가 나서 깨뜨린 것은 아니잖아? 실수한 것이지 실패는 아니야.'라고 자신을 스스로 위로했다.

오늘 새벽예배에서 다른 이에게 유익이 되는 참사랑을 가지고 행하리라고 결단하였는데 그 말씀이 떠올랐다. 내 실수를 그곳에 모인 교사들에게 보여주는 것이 사랑이란 말인가라는 질문에 얼굴이 화끈거리고 어지러웠다.

19세기 중반에 프랑스의 한 염색공장에서 일하는 도중에 한 여

직원이 등유가 든 램프를 옮기다가 염색 테이블 위에 떨어뜨리는 실수를 했다. 테이블에서 일하던 작업이 엉망이 되었다. 일하는 사람 모두 불평했지만, 그 염색공장의 대표는 화를 내기 전에 그 상황을 살펴보다가 그 여직원이 램프가 깨져 등유가 쏟아진 부분만 얼룩이 지워져 가는 것을 보게 되었다. 세탁 산업의 '드라이클리닝'이 발명되는 순간이었다. '실수는 실패다'라는 편견이 지워지는 순간이기도 했다.

  핀란드에서는 10월 13일을 '실수·실패의 날'로 정하여 지난 한 해 동안 저질렀던 실수나 실패했던 사례를 다른 사람들과 공유한단다. 그리하여 내가 한 실수가 다른 사람도 하고 있으니 너무 자책하지 말고, 다시는 그런 실수나 실패를 하지 않도록 반전의 기회로 삼을 수 있다고 했다.

  단 한 번이라도 실수가 없이 세상 속에서 살아가는 사람은 없다. 실수는 인간의 한계를 깨닫게 하고 성숙하게 하는 소중한 경험이다. 아마도 실수가 사람이 바르게 살아갈 수 있게 하는 자양분이 될 것이다. 나의 뜻하지 않은 실수를 통해 연연하며 탓하기보다는 그곳에 모였던 교사들 생각의 깊이와 판단의 세계가 확장되었기를 소망한다. 실수는 끝이 아니라 새로운 시작이다. 앞으로도 차세대 한국어 교육을 위해 사랑으로 가르치고 보람을 느끼며 새롭게 시작하리. 내가 무의식적으로 저지른 그 실수를 발판으로 삼아 나 자신도 매사 경각심을 높이며 성장할 수 있지 않을까.

노년에 만난 문학

 이창동 감독의 영화 '시'를 보았다. 칸 영화제 각본상을 받은 예술 영화다.
 시 창작을 수강하고 있는데 강사가 수강생들에게 영화 '시'를 보았느냐는 질문에 나는 대답을 못했다. 교직 생활을 하면서 하루 24시간이 모자라서 새벽 4시에 지도안 작성과 수업을 준비할 정도로 틈만 나면 가르치는 일에 열중하던 때였다. 내가 바라는 문화생활을 할 수 없었고 오로지 가정과 직장 생활에 매여 있었기 때문이었다.
 이 영화는 강 위에 떠내려온 소녀의 시체가 보이면서 시작된다. 주인공 종욱의 외할머니인 양미자 씨가 팔이 저리고 아파서 종합병원을 찾았지만, 담당 의사는 건망증으로 인한 알츠하이머를 의심하고 큰 병원에서 정밀검사를 받도록 소개한다. 그녀는 동네 문화원에서 우연히 시 강좌를 수강하게 되어 시를 쓰기 위해 시상을 찾아다닌다. 미자 씨는 이혼한 딸이 떠맡긴 외손자 종욱과 지내지만, 대화가 없다. 시를 쓰고 싶은 미자 씨는 시상은 직접 찾아가야 시를 쓸 수 있다고 깨닫는다. 시를 써 보려고 가는 곳마다 메모장을 들지만 답답하기만 했다.

　이 영화는 나에게는 많은 의미를 주었다. 이혼하여 키울 수 없는 자녀를 친정어머니에게 맡기는 이기적인 딸의 모습이 우리가 살고 있는 사회의 한 단면을 보여주었다. 그 와중에도 시 공부하고자 하는 60대 중반 노인의 의지가 두드러졌다. 이제는 모든 것에서 벗어나 자기만의 삶을 향하여 정진할 수도 있겠지만 그럴 수 없는 현실이 그녀를 비참하게 만들었다. 그런데도 시 여행을 떠나는 그녀에게 박수를 보내고 싶었다.

　은퇴 후, 하고 싶었던 일을 찾던 중에 친구가 사이버 대학에서 문학을 공부해 보자고 했다. 그 당시에는 시간 보내는 것이 아까워서 가는 시간을 잡아두고 싶었다. 그렇게 공부하다 보면 원하던 수필집이나 시집 한 권 쓸 수 있으리라는 막연한 마음으로 시작했다. 시 창작 기초 강의와 시 창작 연습과 시 창작 세미나 강의를 통해 시는 시적 언어를 사용하고, 시적 순간을 찾아, 투시경과 내시경으로 보듯 시적인 관찰로, 시적 묘사를 통해 이미지를 불러와서 사물이 제 모습을 드러내게 써야 한다고 배웠다. 이론적인 것을 알고 있어야 시다운 시를 쓸 수 있지 않을까. 이번 학기 동안 2시간씩 여섯 번의 합평을 통해 120편의 시를 읽으면서 나도 모르게 시를 어떻게 써야 하는지 한 걸음씩 목표를 향해 나가고 있는 자신을 발견한다.

　새벽 3시 반이면 어김없이 일어나서 세미나에 참여했다. 한국 시간으로는 저녁 7시 30분이다. 합평 강의는 이곳의 시간으로 새벽 4시부터 시작하여 2시간에서 3시간씩 진행되었다. 이른 새벽에 일어나는 것은 고통스럽지만 시 세계를 위해 시간을 차곡차곡 저축하고 있다는 마음가짐으로 시간을 투자하는 만큼 보람이 있었다.

소녀처럼 감수성이 강한 영화 속 주인공 미자 씨는 시를 쓰기 위해 매번 메모장을 꺼내 시상을 찾기 위해 노력하고 있는 장면이 내 마음에 신선하게 다가왔다. 요즈음은 메모장보다 더 편리한 스마트 폰이 있다. 미자 씨가 자연스럽게 노트를 가방에서 꺼내 메모하듯이 전화기 꺼내기를 두려워하지 말고 서슴없이 써 내려가 보자. 감정과 설명을 배제하고 보이지 않는 것은 직관력을 통해 관찰하여 그려보리라.

이제 얼마 안 있으면 이번 학기가 막을 내린다. 노년에 시작한 이 문학 강의가 나에게 무엇보다도 힘이 되어 글 쓰는 동기를 부여하고 있다. 다가오는 겨울에는 내가 좋아하는 나희덕과 최정례의 시집을 마음껏 읽고 즐기려 한다.

수필 동우회 나들이

　수필 문학회 회원들이 나들이하였다. 김 선생님이 사는 헌팅턴 비치 근처에 있는 공원으로 갔다. 로마린다, 플러턴, 어바인, 하일랜드, 가든 그로브, 부에나 파크, 글렌데일 등 사방 각지에서 아침 일찍부터 서둘러 오전 10시까지 모였다. 넓은 풀밭과 아름드리나무 그늘이 우리를 기다리고 있었다. 호수에는 청둥오리가 무리를 지어 유유하게 하늘 그림자 속에 떠다니고 있었다.
　아침 4시 반에 일어났다. 새벽예배를 드리고, 오징어볶음 요리를 해야 8시에 출발해야 하기에 서둘렀다. 전날에 양배추, 당근, 양파, 대파, 청양고추, 홍고추를 씻어 양배추는 먹기 좋은 크기로 썰어놓았다. 당근과 양파는 채 썰고 고추는 엇썰어 놓았다. 오징어는 손질하여 껍질을 벗겨 놓고 안쪽에다 다이아몬드 모양의 칼집을 내고 손가락 길이의 크기로 썰어 놓았다.
　먼저 오징어볶음 양념장을 만들었다. 마늘, 고추장, 고춧가루, 간장을 1:2:3:4 비율로 섞었다. 움푹한 팬에 식용유와 대파를 넣고 파기름을 낸 뒤 손질한 오징어와 설탕 약간 넣고 살짝 익혔다. 오징어가 하얗게 익으면 양념장을 넣고 약한 불에서 볶았다. 채소를 넣고 빠르게 익힌 뒤 참기름과 통깨를 솔솔 뿌렸다. 상추를 깐 은박지 그릇에 오징어볶음을 담고 랩으로 싸서 차에 실었다. 8시 10분에 출발했다.

　맥켄리 코스코 건너편에서 송 선생님을 9시에 만나 같이 가기로 했다. 헌팅턴 공원까지 한 시간 걸렸다. 공원 입구에 도착하니 빨강 티셔츠를 입은 김 선생님의 부군께서 환한 얼굴로 안내를 하고 계셨다. 무사히 모임 장소까지 도착하여 회원들을 만나니 모두 상기된 얼굴이었다. 나처럼 어제부터 설레는 마음으로 음식 준비하였을 것으로 생각하니 더욱 반가웠다.

　수필반 지도 선생님은 갈비를 준비해 와서 송 선생님과 함께 굽기 시작하였다. 갈비 굽는 냄새가 공원을 채웠다. 갓 구워낸 갈비도 일품이고 군침 도는 겉절이, 잔멸치 고추 조림, 텃밭에서 키운 호박 나물, 가지런히 썰은 모둠 야채, 카레 동그랑땡과 깻잎부침개, 연어 양념구이, 엄마 손맛 김밥, 색색이 과일, 시원한 물, 추억의 커피, 입맛 당기는 오이장아찌, 영양 특별 간식을 회원마다 준비하여 갖고 와 푸짐했다. 지도 선생님의 소설 등단을 축하하려고 오 선생님이 준비한 과일 케이크도 달콤했다. 동시에 김 선생님과 송 선생님의 생신 축하도 겸하였다. 김 선생님의 따뜻한 마음이 담긴 망사 양말과 이 선생님이 정원에서 따온 비름도 나누어 가졌다. 예전의 회원이었던 이 선생님은 오후 2시쯤 직장에서 이곳에 들러 스파이시 튜나 핸드 롤을 직접 만들어 주어서 감사했다. 만드는 손놀림이 예사롭지 않았다. 엄 선생님은 '수를 놓듯, 연서를 쓰듯' 수필집을 잊지 않고 가져다주셨다. 임 선생님,

오 선생님을 처음 만났지만 오래된 글 친구처럼 반가웠다. 카톡에 사진이 줄줄이 올라오는데 우리의 추억을 꿰어 올려주신 여러 선생님께도 또한 감사했다. 모두가 사랑과 배려가 넘치는 자상한 수필 회원이다.

  지도하는 선생님이 다음 해 상반기까지 수필 네 편 정도를 제출하여 책으로 엮어 보자고 하셨을 때 목표가 생겨 글을 쉬지 않고 써야겠다고 마음먹었다. 선생님은 사정이 있어 조금 일찍 떠난다면서 개인적으로 글을 보내 주면 살펴보겠다고 했다. 이렇게 개인적으로 퇴고해 주기가 쉽지 않은 일인데 일일이 주제와 문장 표현과 비문 등을 지도해 주니 감사한 마음이다. 글쓰기 동기 부여와 목표가 생겨 의미 있는 나들이가 된 날이었다. 가든 수필 회원 모두가 지도하는 선생님을 중심으로 서로를 지지하고 도우며 든든한 기둥이 되어, 수필을 쓰는 회원들에게 도전과 용기를 돋아 주기를 소망한다.

산장 강의

아침부터 서둘러 옷을 하늘색으로 환하게 맞춰 입었다. 초등학교 시절 현장학습 가는 것처럼 들뜬 마음으로 오전을 보냈다. 한국에서 오신 문학평론가 교수님을 모시고 대학 동문회장과 회원이 필렌으로 향하여 떠난다고 하여 나는 간단한 점심 식사 후, 1시에 집을 나섰다.

엘에이에서 고속도로 210번을 타고 오면 210번에서 15번 북쪽으로 갈아타자마자 Summit Ave.에서 내려 쇼핑몰에서 만나기로 하고 내가 기다릴 곳 주소를 주었다. L 동문이 전화로 커피를 주문해 달란다. 모르는 길을 운전하니 모두 무척 피곤했나 보다. 나는 스타벅스를 찾아 아메리카노 커피와 허니 시트러스 민트 차를 시켰다. 나를 태우려고 이곳까지 오는 길에 교통 체증이 심했다고 한다. 미안한 마음이 들었다.

우리 팀은 J 동문이 사는 필렌을 향해 달렸다. 5시가 다 되니까 사방이 어둑어둑해졌다. 산길이라고 하니 조금 걱정이 앞섰다. 계속해서 길을 안내하는 지도가 정확하지 않았다. 할 수 없어 집주인인 J 동문이 자세히 준 그 길을 따라갔다. 비포장도로에서는 차가 서커스를 하는 것 같았고 왼쪽에는 낭떠러지였다. 하늘에 몸이 붕붕 뜨는 느낌이었다. 왼쪽을 쳐다보면 낭떠러지라서 정말 아찔했다. 해발 5,000피트의 높이에 있는 묵중하고 나지막한 저택이 그 자태를 자랑하며 우리를 반겼다.

마당에서는 일찍 온 동문들이 식욕을 당기는 갈비를 굽고 있었다. 동문의 재회가 끝나고 케더링으로 준비한 음식을 펼쳐 놓았다. 점심을 제대로 먹지 않은 터라 부침, 갈비찜, 나물, 잡채, 오이김치 등 풍성한 음식을 보니 식욕이 저절로 솟구쳤다. 그 밖에 후식으로 식혜, 연시, 귤, 땅콩, 진미 오징어, 피칸 케이크 등 푸짐했다. J 동문이 따뜻하고 넉넉한 마음으로 모두를 즐겁게 대접했다.

저녁 식사가 끝나고 아름드리 통나무를 잘라서 만든 동굴로 들어가 보았다. 그곳에는 문학잡지와 시집 등 여러 종류의 책들이 진열되어 있었다. 바닥에는 커다란 갈색 지네가 인사하고 있었다. 자연 그대로인 숲속의 나무 향기가 진동했다. 우리는 그곳에서 사진을 찍고 나와, 하늘을 바라보니 산 정상에서 보는 별빛이 영롱하고 지상에서보다 더 가까워진 느낌이었다. 총총 박힌 별들은 개인의 삶의 역사를 새기고 있겠지. 갑자기 내 별은 바로 내 머리 위에서 나를 보고 있다는 생각이 들어 한 번 더 올려다보았다. 자연 속에서 신의 섭리가 신통하고 기묘하여 상상할 수 없음을 또다시 느꼈다. 집 주위를 둘러보면서 사막 속에 있는 나를 바라보게 되었다. 그렇다! 나는 대자연 일부다. 언젠가는 자연으로 돌아가리라는 사실을 인정했다. 숲이 뿜어내는 향기 속에서 생명과 죽음의 되풀이됨을 느끼며 나 자신을 찾는 기회가 되었다.

　다시 거실로 들어와 교수님의 밤늦은 시간 강의를 들었다. 영상으로 강의 들으며 느낀 것보다 훨씬 지적이고 시적인 분이셨다. 영상 강의는 교수님의 일반적인 설명이 대부분인데 대면으로 들으니 서로 소통이 되어 영상 수업에서 느끼던 답답함이 해소되었다. 교수님께서 편집위원으로 일하고 계시는 디아스포라 웹진을 소개하고 모두가 일류의 시를 쓰도록 격려하셨다. 그러고는 개개인의 시를 돌아가면서 한 편씩 읽으라고 했는데 나는 스마트 폰에 저장된 것이 '낡은 구두' 한 편밖에 없었다. 그 시를 읽었는데 교수님께서는 발상은 좋은데 구체적인 경험이 없다고 지적하셨다. 다시 고쳐보라고 하신다. 거기에 모인 모든 동문의 시를 일일이 평가해 주셨다.

　자정이 지났다. 내일 일찍 한국으로 떠나는 교수님을 위해 조금 눈을 붙여야 했다. 나는 L 동문과 같은 방을 사용했는데 방문이 열리는 소리에 눈을 떴다. 새벽 5시가 못 되어 일어나 졸음을 쫓으려고 찬물로 세수하고 방에 들어오니까 벌써 교수님이 나가시는 소리가 났다. 갈색 모자를 쓰고 남색 코트를 입고 동이 트기 전의 이른 아침 차가운 날씨에 만반의 준비를 하고 나오셨다. 교수님과 동문회장과 회원 둘이 함께 공항으로 떠난 후에 나는 동이 트는 광경을 지켜보았다. 지평선에서 피어오르는 태양이 붉은 기운을 받아 올라오듯 창작시와 수필에 영감을 받아 써 내려갈 수 있기를.

　점심시간이 되기 전에 플러턴에 사는 K 동문과 나는 그 산장을 떠났다. 집으로 초대해 준 J 동문에게 감사의 마음을 전한 후에 우리는 비포장도로를 조심스럽게 운전하여 내려왔다. 플러턴으로 직접 가면 빠를 텐데 나를 리모나이트까지 데려다주고 가려니 시간이 오래 걸렸다. 내가 그녀를 괴롭힌 것 같아 미안했다.

 K 동문과 작별 인사를 한 후, 등에 배낭을 메고 침낭을 한 손에 들고 걷기 시작했다. 세 곳의 건널목을 지나고 안전한 보도블록이 있는 곳으로 오니 그늘도 있었다. 다옥한 수풀 속에 나지막한, 식물이 흔들리는 소리를 친구삼아 걸었다. 걷는 동안 햇빛만이 입 맞추려 내려오며 사람의 그림자는 찾아볼 수가 없었다. 땀을 흠뻑 흘리고 헉헉거리며 2마일을 걷고서야 집에 도착했다. 내복이 땀에 푹 잠겼다.

 집에 도착하여 어제와 오늘을 되짚어 보았다. 사이버 대학 스크린 속 강의실에서만 뵙던 교수님과 직접 만나 이야기를 나누고 시에 대해 평가받았다. 하나하나 시를 직접 평가받는 순간은 가슴이 벅차올랐다. 풋풋했던 시절의 대학생으로 돌아간 기분이었다. 산장에서 마셨던 맑은 공기와 교수님의 시 강의가 마치 나를 하늘 위로 올려놓은 듯했다. 1박 2일의 짧은 소풍을 뒤로 하고 산장에서 내려올 수 있어서 감사로 가득 찼다. 오랫동안 걸은 덕에 몸은 한결 가뿐해졌고 마음에는 시를 쓰고 싶은 새로운 의욕이 솟았다. 몸과 마음이 동시에 힘을 얻은 이번 나들이는 오래도록 기억될 것이다.

내가 만난 조국

한국에 도착했다. 십여 년 전 방문과는 많은 차이가 났다. 한국의 모습이 눈부시게 발전했다.

십 년 만에 다시 찾은 한국 방문은 나에게 새로운 세상을 보여주었다. 십 년이라는 세월 동안 이곳은 말 그대로 '환골탈태(換骨奪胎)'의 과정을 거쳤다. 이제 이곳은 내가 기억하던 한국이 아니었다. 조국의 변화는 내 상상을 초월했고, 그 변화를 통해 한국은 더욱 현대적이고 편리한 모습으로 탈바꿈했다.

십 년 전만 해도 서울의 교통은 혼잡하고 복잡했다. 가장 많이 눈에 띄는 것은 대중교통의 발전이었다. 지하철을 갈아타기 위해 많이 걸었지만, 노선의 연결은 매우 쉬워졌다. 버스와 지하철은 하나의 교통카드로 모두 이용할 수 있고, 편의점에서 카드를 사서 충전하면 바로 사용할 수 있었다. 한국에 도착하여 사흘째 되는 날, 분당에서 현대 백화점으로 가기 위해 버스를 탔는데 카드를 들고 무심코 올라탔다. 내릴 때 다른 사람들이 카드를 단말기에 찍고 있었다. 나도 카드를 갖다 대었는데 '삑' 소리가 울렸다. 순간 얼굴이 화끈거리며 당황했다. 결국 무조건 따라 내릴 수밖에 없었다. 나중에 알고 보니 버스에 올라탔을 때 카드를 찍지 않아서 그렇다고 했다. 그 순간의 민망함은 이곳의 대중교통 시스템이 얼마나 앞서 있는지를 처음으로 실감하게 해주었다. 인천공항과 김포공항 시외버스를 이용할 때는 예약이 필수이며 스마트폰을 이용하여 결제했다. 일일이 현금을 내지 않고 휴대전화 하나로 모든 일을 해결할 수 있다니 놀라운 발전이었다.

서울 근교인 분당에서 3주를 머물고 나흘 동안은 제주도 여행을 했다. 이번 여행을 통해 알게 된 5G(5세대 이동통신 기술) 기반 스마트 도시의 모습도 인상적이었다. 분당에서나 제주도에서 빠른 인터넷의 보급으로 쉽게 접속할 수 있는 무료 와이파이를 사용하여 지인들에게 연락할 수 있었다. 빠르고 안정적인 무선 인터넷 덕분에, 위험을 예방하고 시민을 보호하기 위한 CCTV가 설치되어 있었다. 각종 센서를 활용해 가로등을 자동으로 조절하고, 미세먼지 수치를 실시간으로 측정해 전광판을 통해 주민들에게 알렸다. 원격 진료와 건강 모니터링 시스템이 도입되어 시민들의 건강도 잘 관리하고 있다고 했다.

분당에 있는 오빠 집에 머물면서 아침에 일어나 한산 이씨 문화 유적인 중앙공원을 산책했다. 공원 입구에는 다양한 운동 기구와 건강을 취한 체육 시설이 즐비하게 늘어서 있었다. 곳곳에서는 모자를 쓰고 떨어진 종이와 쓰레기를 집게로 줍는 사람들을 만날 수 있었다. 정자 아래에는 30여 명이 모여 택견하고 그 옆에서는 배드민턴을 치고 맨발로 진흙 길을 걷는 사람들을 만날 수 있었다. 제주 공항 근처의 삼무공원도 깔끔하게 정비되어 있었다. 오십여 년 전 신혼여행으로 찾았던 그때와 비교하니 변화의 폭이 큰 것을 새삼 느꼈다. 산책하거나 운동을 즐기기에 안성맞춤인 이곳을 걸으며 이곳이 한국이라니 감탄이 절로 흘러나왔다.

운동을 하고 아침을 간단히 먹으러 수내역 맥도날드에 들렀다. 이미 많은 사람이 삼삼오오, 혹은 혼자 신문을 보며 커피를 마시며 앉아 있었다. 내가 살던 때와는 다른 풍경이었다. 식구들과 점심을 먹으러 나갔다. 청국장 꽁보리밥 음식점에 들렀다. 도토리묵과 부추전으로 모처럼 입맛을 돋웠다. 저녁이 되어 사부인과 우리 부부는 백 년 전통을 자랑하는 양평의 한정식집을 찾았다. 간장게장 정식과 보리 조기구이 정식, 불고기 정식을 주문했다. 셀 수 없이 많은 반찬이 계속 들어왔다. 제주도 제주시에 있는 먹거리 골목도 스시 회전 초밥, 옥돔 구이, 흑돼지 볶음, 조개 연포탕 등 다양했다. 초밥집에 들어갔는데 전화번호 인증이 되지 않아 음식 주문이 어려웠다. 계산대로 가서 외국 전화번호라 주문이 안 된다며 도움을 요청했다. 종업원이 친절하게 우리가 주문한 음식을 입력해 주었다. 풍부한 먹거리를 통해 건강한 전통 음식에서부터 새로운 퓨전 음식에 이르기까지 음식 문화의 발전을 생생하게 체험하였다.

피부 관리를 위한 다양한 레이저 시술과 문신에 대한 사람들의 인식 변화가 또 한 번 나를 놀라게 했다. 남편은 태양이 뜨거운 캘리포니아에서 살아서인지 아니면 정원 일을 많이 해서인지 검은 버섯이 얼굴에 많았다. 오빠가 남편과 함께 피부과에 함께 가시 레이저 시술을 받게 했다. 가격은 사십만 원으로 조금 비싼 듯했지만, 일주일 후에 검은 딱지가 없어지더니 깨끗하고 환한 얼굴이 되었다. 또 나이가 들어 남편의 눈썹이 하얘져서 반영구 눈썹 문신을 받게 하였는데 짙은 반달 모양의 눈썹 덕분에 남편은 한층 젊어 보였다. 이곳에서 레이저 시술과 문신은 남녀의 경계를 넘어 하나의 패션으로 자리 잡고 있었다.

마지막으로 첨단화된 한국 사회의 일면은 잘 설치된 화장실 문화였다. 이번 방문에서 인상 깊었던 변화 중 하나는 휴게소와 인천공항과 김포공항 등의 화장실이었다. 10년 전만 해도 공공 화장실은 깨끗하지 않은 경우가 많았지만, 이제는 곳곳에서 깨끗하고 현대적인 화장실을 만날 수 있었다. 휴게소의 화장실은 현대 시설과 청결한 환경을 제공하며, 인천공항의 화장실은 고급 호텔을 연상케 하는 세련된 디자인과 편리한 시설을 갖추고 있었다. 자동 센서와 친환경적인 요소들이 도입되었다고 한다. 이런 요소가 환경을 보호하고 자원을 절약하는 데 큰 도움이 되기도 하고 여행객에게 편안함과 만족감을 주었다.

십 년 만에 다시 찾은 이곳의 많은 변화는 큰 울림을 주었고, 앞으로 더 자주 방문하고 싶은 마음이 들었다. 이번 여행에서 놀라운 한국발전이 나에게는 신선한 충격이었다. 제주도에서 바쁜 일정으로 한라산을 오를 수 없었지만, VR(가상현실) 체험을 통해 한라산 정상 풍경을 즐길 수 있었다. 앞으로도 지속적인 발전을 거듭해 다음 방문 때는 컴퓨터 기술을 활용한 가상 체험이 실제와 구별되지 않을 정도로 생생해지길 기대해 본다.

내가 방문한 서울 근교와 제주도만을 보고 판단할 수는 없겠지만, 그 두 지역에서 느낀 변화는 한국의 발전 가능성을 짐작하게 했다. 한국의 변화를 지켜보며, 앞으로 자녀들과 함께 방문하여 다양한 문화 체험을 해보고 그들에게도 조국의 아름다움과 뿌리의 소중함을 깊이 새기도록 하고 싶다.

가능성의 세계

 이른 점심을 먹은 후에 파란 하늘이 떠 있는 창문 앞에서 설거지하고 있었다. 까마득히 멀리 보이는 새 같은 비행기를 보는 순간 나도 고향으로 날아가고 싶은 마음이 일어났다. 마음은 벌써 가고 싶은 인천공항에 착륙해 그리운 친척들과 친구들을 만나고 있는 듯했다
 지금의 대형 여객기가 있기까지는 수많은 시도와 실패 그리고 시행착오를 겪었다. 500여 년 전의 레오나르도 다빈치의 날고 싶은 꿈의 가능성을 품고 연구하여 현실로 나타났다. 비행기의 시초는 과학자이면서 미술가였던 레오나르도 다빈치에 의해 최초로 새의 날개와 같은 것이었다. 실제 제작을 해도 비행은 어려웠지만, 그 당시에 인간이 날 수 있다는 그의 생각은 놀라웠다. 한 미술가가 새의 날개를 보고 날고 싶은 꿈을 가진 것이 비행기 제작을 가능하게 하였다.
 가능성은 무한한 창조의 공간이다. 내가 사용하는 부엌도 창조의 공간이 되어 영양가 있는 먹거리를 만들어 내는 것뿐만이 아니라 글쓰기의 영감을 끌어내는 공간이 되기를 기대한다. 또한

뒤뜰과 산책로와 의사 방문 시 오래 기다리는 병원 대기실과 내가 타고 다니는 차 안에서도 떠오르는 생각을 저장하는 창조의 공간이 되길 바란다. 하루 중 가장 오랫동안 거하는 컴퓨터실 공간이 새로운 창조의 세계를 이끌어 갈 장소가 되길 염원해 본다. 올해 나의 내면 깊은 곳으로부터 용암처럼 뚫고 나와 마음껏 글을 써 보길 소원한다. 이 가능성을 나의 약함과 환경과 무지 속에 가두지 않을 것이다. 내 삶이 다하기까지 제한된 경험 속에 가두지 않고 가능성에 도전하여 살기를 품어본다. 내가 하고자 하는 창조적 도전이 산산조각이 난다고 할지라도 그런 모습으로 살아가며 딛고 일어서서 전진해 내 작은 가능성의 꿈을 이루어 나가리라.

현재 내가 처한 위치에서 가능성을 바라보며 일 년 후에는 그 꿈이 이루어져 기쁨의 노래를 부르고 주변에 있는 가족과 이웃에게 선한 영향을 끼치는 자로 겸손히 서 있을 날을 기대해 본다. 열린 마음으로 새로운 것을 탐구하고 창조하는 자유로운 공간에서 가능성의 세계를 노래한 에밀리 시가 떠오른다. 시가 가진 무한한 가능성과 창조의 힘을 노래하고 있다. 시 쓰는 것 자체를 세상의 진실과 아름다움을 담아내는 낙원과 같은 창조적인 활동으로 묘사한다. 에밀리는 자신이 창조한 시의 세계로 초대하여 그녀가 들려주는 말을 들어 보라고 한다.

'삼나무 숲으로 둘린 공간들/무한을 바라보는 눈', '내 좁은 손을 넓게 펴/함께 천국을 만들어 가는 그곳.'

천재 여류시인 에밀리 디킨슨의 시 '나는 가능성의 세계 속에 살아갑니다'를 되뇌어본다.

　나는 가능성 속에 살아갑니다
　수많은 창문이 있고
　초월의 문들이 가득한
　산문보다 더 아름다운 집에서

　삼나무 숲으로 둘린 공간들
　무한을 바라보는 눈
　영원의 지붕과
　이어지는 하늘로 이루어진 집

　가장 아름다운 방문자의
　직업은 가능성
　내 좁은 손을 넓게 펴
　함께 천국을 만들어 가는 그곳

가을 학기를 마치며

큐티(Quiet Time)는 1974년, 한국에서 첫 발령을 받은 학교에서 옆 반 선생님이 방과 후에 함께 해보자고 권하면서 시작되었다. 사실 방과 후에는 다음날 지도할 준비를 해야 했기에 망설였지만, 선배의 끈질긴 권유로 4시부터 성경 말씀을 읽고 공부하였다. 선배가 준 빨간 노트에 내 생각을 적어 오라고 했던 기억이 떠오른다. 그렇게 시작됐던 큐티와의 첫 만남이, 지금까지 큐티를 이어올 수 있는 것에 가장 큰 영향을 준 것 같다. 그 선배는 훗날 신학을 공부하여 순복음 교회에서 사역하다가 은퇴한 신숙 목사님이다.

은퇴 이후 2019년 가을부터 황 자매님과 오 자매님이 인도하는 '생명의 삶' QT 소그룹 모임에 나가게 되었다. 매주 화요일에 모여 은혜를 듬뿍 받는 중에 코비드로 인해 대면 모임이 줌 모임으로 전환되었다. 2023년 9월부터는 김은애 사모님과 함께하는 줌 모임과, 이 자매님이 이끄는 소그룹 나눔이 나에게는 커다란 은혜의 시간이 되었다.

시간이 저녁 6시라서 다소 나에게는 부담으로 다가왔다. 남편이 무역회사에서 은퇴한 후에 오랫동안 쉬다가 작년부터 식물원에서 일하게 되었다. 흙 속에서 일하다가 퇴근하여 집에 도착하는 시간이 6시였다. 저녁을 차려 놓긴 하지만 컴퓨터 앞에 앉아 있느라 지쳐 들어오는 남편을 맞이하지 못해서 마음이 불편했다.

화요일 저녁에 찬양이 시작되고 김은애 사모님께서 큐티를 어떻게 하는지 세세하게 알려주실 때는 생각지 않은 깨달음과 은혜가 밀려왔다. '큐티는 이렇게 하는 거구나.' 마음속으로 감탄이 쏟아졌다. 남편에 대한 미안함이 어느덧 사라지고 깨달음을 주신 하나님께 감사하는 시간이 되었다. 잠언 말씀을 강의해 주실 때 영적 대나무 바늘과 같은 말씀이, 낯선 이역 땅에서 내 삶에 헤어지고 구멍 난 부분을 온전하게 꿰매주어 나를 지탱해 주고 있는 것을 깨닫게 하셨다.

에베소서 1장 15절을 묵상할 때는 바울이 기도하는 모습을 보고 내가 실천할 것이 무엇인가 찾아보라는 음성으로 다가왔다. 나는 성경을 문자 그대로 읽고 이해하고 넘어가는 습관이 있었는데, 바울의 에베소서 성도들을 위한 기도를 통해, 나도 소속되어 있는 공동체와 가족을 위해 그렇게 기도하라고 알려주고 있음을 깨닫게 되었다.

'감사하기를 그치지 아니하고, 영광의 아버지께서 지혜와 계시의 영을 주사 하나님을 알게 하시고, 마음의 눈을 밝히사 부르심의 소망이 무엇이고 성도 안에서 그 기업의 영광의 풍성함이 무엇이며, 하나님의 역사하심을 따라 믿는 우리에게 베푸신 능력의 지극히 크심이 어떠한지 알게 하시기를 구한다.'라고 했다. 바울의 기도를 내가 붙들고 기도하겠다고 마음먹고 적용으로 지금도 아침 새벽 기도 시간에 그렇게 기도하고 있다.

얼마 전에는 잠언 10장 8절에 '마음이 지혜로운 자는 계명을 받거니와 입이 미련한 자는 멸망하리라'라는 말씀을 묵상하며, 미련한 삶을 멀리하고 지혜롭게 살 때 내 가정에 하나님의 역사하심을 깨달아 큐티 생활을 게을리하지 말고 나 자신을 깨우며 달려 나가도록 하나님의 도우심을 간구하게 되었다. 또한 사랑의 언어로 다른 이의 허물을 덮어주고 샘물과 같이 맑고 정결한 말로 위로하고 세워 줘야겠다고 결단하게 되었다.

처음 큐티를 권유했던 선배가 뿌린 씨앗을 이렇게 자라가게 하시는 하나님의 뜻이 오늘도 말씀 묵상의 자리로 나를 이끄신다는 것을 다시 한번 감사하는 시간이 되었다. 하루하루가 주님과 더 친밀한 교제와 그분을 기쁘게 하는 삶으로 나갈 수 있기를 기대하며 여기까지 오게 하신 하나님께 영광을 돌려 드린다.

눈 속의 그림자

이른 아침 병원을 찾았다. 망막 전문의에게 진찰받기 위해 두 달을 기다렸다.

진료 전에 OCT(빛 간섭 단층촬영) 검사를 받았다. 망막 박리나 황반 부종과 같은 질환의 발생 부위를 알아내기 위해서다. 곧이어 시력 검사를 했다. 거무스름하고 납작한 숟갈 모양의 가리개로 왼쪽 눈을 가렸다. 그런대로 오른쪽 눈은 시력이 괜찮았다. 왼쪽 눈은 작은 글씨가 보이지 않았다. 고속도로를 운전할 때 길 안내판에 가까워져야 어떤 길인지 알아챈다. 이미 지나쳐 버린 후에야 잘못된 길임을 깨닫는 일이 많아졌다. 무슨 이유인지 시력이 저하되고 있음을 절감하고 있다.

젊은 시절 나는 내 눈을 소홀히 관리했다. 예전에 고등학교에서 한국어를 가르칠 때 중국어반과 같은 교실을 함께 사용하던 때였다. 오전에는 내가, 오후에는 중국어반이 그곳을 이용했다. 그 반은 어두운 교실에서 비디오를 상영하거나 영상 프로젝트를 자주 발표하곤 했다. 나는 그 안에서 학생들의 과제를 점검하며 다음 날 배울 지도안을 계획하고 자료를 만들었기 때문에 잠시도 자리를 비울 수가 없었다. 그렇게 어두운 공간에서 작은 글씨를 읽다 보니 한 글자도 보이지 않을 때도 있었다. 결국 휴대전화 플래시를 켜고 글씨를 읽었다. 그때에는 몰랐지만, 시간이 지나고 나서야 깨달았다. 눈을 혹사하는 습관이 쌓여서 지금 흐릿한 시야를 만든 것이라고.

어느 날 하루 수업을 마친 후, 갑자기 눈 안에 검은 거미와 실 모양이 그림자처럼 떠다니기 시작했다. 글 읽기와 컴퓨터 작업을 할 수 없을 정도였다. 급하게 병원을 찾았고, 이후 망막 안과 전문의에게 진료를 받았다. 안구의 유리체 속에 떠다니는 부유물로 인해 생기는 비문증이라고 했다. 의사는 눈이 늙어가는 신호라고 했다. 세월이 흐르며 노안이 진행되고 있었다. 의사는 시간이 지나면서 부유물이 조금씩 눈 안에서 흡수될 거라고 설명했다. 만약 시야에 커튼이 드리운 것처럼 보이거나 플래시 라이트가 보이면 즉시 병원으로 오라고 했다.

그로부터 5년이 지나 왼쪽 눈마저 비문증이 생기고 앞이 뿌옇게 보여 다시 안과를 찾았다. 진료실에서 기다리면서 잠시 눈 건강을 소홀히 했던 날들을 후회하고 있는데 망막 전문의가 들어왔다. 두 눈을 살펴보더니 안구 건조증까지 있다고 한다. '마이봄샘'에 이상이 생겨서 안구 건조증을 일으킨다고 자세히 설명해 주었다. 아기 샴푸로 눈가의 지방 분비물을 씻어내고 인공 눈물을 사용하고 따뜻한 수건으로 찜질하라고 했다. 푸른 하늘을 바라보던 순간이 떠오른다. 벚꽃이 흐드러지게 핀 풍경, 사랑하는 사람들의 밝은 얼굴과 책 속의 글자들은 시력이 남아 있어야만

볼 수 있지 않은가. 아무런 문제 없이 눈을 뜨고 세상을 바라보고 글을 읽을 수 있는 것이 얼마나 큰 축복인지 이런 증상이 나타나고 나서야 깨닫게 되었다.

시력 검사가 끝나고 간호사는 약을 내 눈에 넣어 동공을 확장했다. 의사가 망막과 홍채(Iris)를 더 잘 관찰하고 빛에 대한 눈의 반응을 확인했다.

마지막으로 의사는 다음 날 검안과 가서 정밀 시력 검사를 받도록 예약해 주었다. 검사 후에는 안경 처방전을 받아 안경원으로 향할 것이다. 눈을 보호하기 위해 반사 방지 코팅, 자외선 차단용, 압축 렌즈, 다초점 렌즈를 주문해야겠다. 부모님께서 물려주신 눈뿐만이 아니라 몸도 소중히 여기고 잘 관리하리라고 마음먹었다. 비문증과 안구 건조증을 겪고 나서야 비로소 당연하게 여겼던 것들의 가치를 실감했다. 새 안경을 맞추고 더 밝고 선명한 세상을 바라볼 수 있기를 기대한다.

시어를 입고 춤을

　시 동우회에 가입하여 시를 배우고 있다. 문우들의 시를 향한 열정을 보며 포기하지 않고 공부한 지 일 년이 넘었다. 유 작가를 만나 이 모임에 합류하게 된 것은 내게 큰 행운이다. 한 달에 4편의 시를 의무적으로 써야 한다. 시제가 떠오르지 않아 하얗게 밤을 지새우기도 했다. 하루 종일 어떻게 무엇을 쓸지 고민만 하다가 그날을 보낸 적도 있다.
　시는 신의 언어이고 리듬은 신의 음성이라고 지도 선생님은 강조하셨다. 신이 심어준 사물의 진실을 내놓으라고 하셨다. 시심은 갈고 닦을수록 생겨난다고. 시는 인간으로서 가질 수 있는 최고의 정신이자 최상의 가치이므로 시를 통해 새로운 삶을 체험하고 신선한 감동을 맛보라고 했다. 시 창작은 기존 사물의 존재가치를 찾아내는 신선한 작업이라고 지도하셨다.
　어느 날, 선생님은 마시는 차에 대해 써오라고 하셨는데 아무 생각도 떠올리지 못했다. 나는 집에 있는 유채 차를 가져다 놓고 들여다보기만 했다. 뜨거운 물을 부어 차를 우려내 마시면서 다음의 것을 생각하여 써 내려갔다.

유채 차 티 백에 이야기가 들어 있다. 해와 비바람의 세례를 받고 자란 후 잎과 꽃은 수분과 헤어진다. 앙상한 모습으로 조각조각 갈리는 아픔을 맞이한다. 그 인내 끝에 은은한 향기와 구수한 맛을 내게 된다. 어려움을 견딘 유채꽃 모습이 나의 모습과 맞물리며 다가왔다.

이민 온 후 낯선 땅에서 자격시험에 여러 번 실패하고도 다시 일어나 초심으로 돌아가던 시절. 조용히 나를 견디며 다시 걷던 날들이 유채 차의 삶과 겹쳐졌다.

잘린 꽃과 잎이 숨 쉬도록 그물망에 담긴다. 해후를 기다리며 물을 부어준다. 결 따라 찾아오는 들판의 풋풋함과 싱그러운 유채꽃이 입안에 가득 찬다. 그제야 나는 들판을 지나온 유채꽃의 이미지와 이야기를 담아냈다. 그것은 곧 나의 이야기가 되었다.

다른 회원들은 티백, 찻잔 속 봉지, 그때 그 시절, 깨어질 틈새라는 제목으로 써 왔다. 역시 오래 연마한 시인답게 내 생각이 미치지 못하는 이미지로 담아냈다. 그날 수업은 시상을 구하는 방법, 사물의 마음 읽기, 시를 풀어내는 기술 등 보이지 않는 현상을 들여다보며 의인화에 관해 공부하는 시간이 되었다.

오늘은 야외로 나가는 특별 수업 날이다. 플러턴에서 출발해 봉고차로 한 시간 반 정도 걸려 데스칸소 식물원에 도착했다. 지도 선생님과 사모님은 서로 의지하며 다정하게 걷는다. 김 선생님은 빨강 워커를 힘차게 밀며 다니고, 2개월 전 무릎 수술을 받은 이 선생님도 회복되어 가볍게 발을 떼신다. 유 선생님은 얼마 전에 쇼핑몰에서 넘어진 사건을 시로 쓰셨는데 또 넘어질까 봐 나와 손잡고 함께 걷는다. 칠십 대 이 선생님은 시 창작반을 위해 봉사하는 마음과 태도가 남다르다. 건강이 좋지 않은데도 우리 모임을 이끄는 데 조금도 부족함이 없다.

먼저 피크닉 공간에서 김밥을 나눠 먹고 정성껏 준비해 온 간식을 먹으며 화창한 날씨에 감사가 넘친다. 정문으로 들어가니 동백꽃 나무가 인사를 한다. 조금 걸으니까 흐드러진 자목련이 우아하게 우리를 맞이한다. 걸어가면서 어떤 풍경이 펼쳐질지 설렌다. 자목련 밑으로 흐르는 연못가에 청둥오리가 물결 타고 내려간다. 바쁘게 지내다가 모처럼 평화로운 자연 속에 들어온 나를 발견한다. 숨을 크게 들이마신다. 뜨락의 공기가 상큼하다. 살아 있다는 존재감과 오늘을 선물로 주신 창조주를 찬양하며 걷는다.

일본식 정원으로 향한다. 벚꽃이 지난번 산타아나 폭풍에 다 떨어졌나 보다. 아치형 다리 아래 연못에는 잉어가 주황빛 비늘을 번쩍이며 끝없는 춤을 춘다. 장미정원으로 가는 길 나지막한 들판에 두툼한 튤립이 기품 있고 정갈하게 피어 있다. 꽃잎은 둥글게 안으로 말려 있다. 빨강 분홍 주황 하양 보라색 봉오리에서 활짝 펴져 별 모양으로 변한 모습도 보인다. 프린지드 튤립이 특별하게 다가온다. 노란 튤립 꽃잎 윗부분에 미세한 하얀 술의 레이스가 완전히 펼쳐져 발레리나가 춤추는 모습처럼 보인다. 튤립 속에서 노랑 튀튀를 입고 토슈즈를 신었던 어린 시절이 들어 있다. 하늘을 향한 손끝과 발끝으로 허공을 회전하고 사뿐히 내려앉은 소녀가 나를 바라본다. 발레리나가 되고 싶었던 꿈은 시간이 지나며 바람처럼 사라진다. 세월에 떠밀려 지금 나는 언어의 발레를 하고 있지 않은가. 노랑 튤립이 활짝 펴져서 미세한 바람에 살랑거린다. 접시처럼 펼쳐진 무대 위에서 시어의 옷을 입고 춤추고자 안간힘을 쓰고 있는 자신을 발견한다.

  사모님을 포함한 어르신 네 분과 칠십 대 동갑내기 둘과 지도 선생님과 함께 봄 소풍을 마쳤다. 별로 많지 않은 방문객으로 정원은 한산한 편이어서 다행이었다. 노랑 튤립 속에서 발레하던 소녀 시절로 돌아가 보고, 앞으로 시어의 발레를 펼칠 나 자신과 만난 날이었다. 입구까지 걸어 나오니 자목련이 고개를 내밀며 또 오란다. 정문 앞의 수선화와 아쉬운 마음으로 작별을 고했다. 해맑은 모습으로 여섯 장의 흰색 꽃잎과 가운데 불쑥 솟은 주황색 나팔이 일제히 소리 높여 우리에게 인사했다.

청둥오리 한 쌍이 되어

산타아나 리버 오솔길을 따라 남편과 함께 걸었다. 봄이 성큼 다가오고 있음을 느꼈다. 비가 내리더니 앙상하던 나무에 연두물이 들었다. 연둣빛 이파리가 앙증맞게 올라왔다. 곧 이 길에 초록빛 잔치가 열리겠지.

우리가 걷는 왼쪽은 아스팔트 길인데 유모차, 자전거, 롤러스케이트, 스쿠터가 달린다. 오른쪽은 아주 작은 돌 섞인 모래가 깔려 있는데 그곳은 승마를 위한 길로 말이 다닌다. 그 길 너머는 깊은 숲속이다. 그 아래로는 물이 흐르는 소리가 들린다.

숲속과 모래길 사이에 기다란 사각형 모양의 하얀 플라스틱 울타리가 두 줄로 쳐져 있다. 그 울타리 바로 밑 모래땅에 물방울무늬가 같은 간격으로 둥근 도장을 찍어 놓은 것처럼 새겨져 있다.

자세히 보니 양옆에 밤새 매달려 있던 이슬방울이 그 모래땅을 뚫었나 보다. 자연 현상은 인간의 생각이 미치지 못할 만큼 정교하다. 울타리에 전력을 다해 매달렸던 방울들. 그것이 모래땅에 뛰어내려 만든 가지런한 무늬처럼 나의 일상도 그렇게 정돈되고 평온해지기를 희망해 본다.

커다란 사냥개의 목줄을 잡고 달리기를 하는 사람, 햇빛 가리개가 있는 유모차를 미는 젊은 여인, 무언가를 적으면서 주위를 살피며 걷는 사람들, 세발자전거를 타는 손자 뒤를 힘겹게 따라가는 노부부, 롤러스케이트를 타고 춤추듯이 미끄러지는 학생, 스쿠터를 타고 날쌔게 달리는 흑인 청년을 보았다.

모두가 나름대로 목표가 있어서 노력하는 중이었다. 나는 당뇨가 있는 남편을 위해 정해진 시간에 나가 함께 걸었다. 그곳에 나온 사람들은 운동하며 몸을 단련했다. 우리는 신선한 공기를 가슴 깊이 들이마시며 자연의 숨결을 온몸으로 느꼈다.

매일 걷는 산책로에서 모서리를 돌면 늪지대가 있다. 그곳에 청둥오리 한 쌍이 보였다. 자유롭게 하늘을 날아 이곳까지 날아왔나 보다. 우리처럼 둘이 꼭 붙어 다닌다. 수컷이 암컷을 졸졸 따라다닌다. 암컷은 지푸라기 같은 수초들 사이에서 잘 보이지 않는다. 수컷은 둥근 머리에 녹색 광택이 번쩍거려 한눈에 들어온다. 그 윤기가 빛 물결처럼 흘러 녹색 입자가 떠간다. 놀라지 않게 살그머니 손을 뻗어 사진을 찍었다. 수컷은 노란 부리와 짙은 녹색의 머리, 목에는 하얀 줄이 목걸이처럼 둘러 있다. 암컷은 어두운 황색이 섞인 부리와 몸은 갈색과 베이지색이 섞인 얼룩무늬가 있다. 이 얼룩무늬가 보호색 역할을 한다고 남편이 알려준다.

둘이 물 위를 떠다니며 가끔 고개를 돌리고 한 마리가 방향을 바꾸면 그 길을 주저 없이 따른다. 오랜 세월을 함께 살아온 한 쌍의 모습 같았다. 청둥오리는 대부분 평생을 짝과 함께한다고. 봄이 되면 그 짝을 찾아 서로를 지켜 주고 가을이 되어 떠날 때도 함께 떠나겠지. 이 청둥오리 한 쌍의 인연이 강물처럼 오래도록 흐르고, 고요한 평화 속에 머물기를 바란다.

청둥오리 앞에 머물러 한참을 바라보다가 다시 남편 손을 잡고 걸었다. 그는 이십 대 후반에 나를 만나 가정을 꾸리고 무역회사에 다니면서 온 세계를 누비고 다녔다. 유럽, 중동, 인도, 남아메리카 등 곳곳에 자수 원단을 팔러 샘플을 들고 다녔다.

출장에서 돌아온 후, 늦은 퇴근길 교통사고로 목발 짚고 집으로 들어와 나를 놀라게 했던 적이 있었다. 지금도 그날 밤의 기억이 선명하다. 자기 일에 묵묵히 분투하며 가족을 보살피느라 온 힘을 다했던 시절이 아련히 떠오른다. 자수 무역회사를 그만두고 이민 길에 올라 낯선 이국땅에서 언어와 문화의 장벽을 허물고자 안간힘을 썼다. 이곳에서 남편은 다시 원단 장사를 시작하였다. 한편, 이곳에 정착하기 위해 우체국 시험을 치르고, 의료기구 만드는 회사에서 납땜 연기를 맡으며 케이블을 연결하던 내 모습도 떠올랐다. 캘리포니아주 교사 자격증을 받으려 여러 번 영작문 시험에 도전하며 조마조마했던 그 시절도 생각났다.

우리 부부는 새로운 삶을 일구며 자리 잡았다. 그 후에 남편에게 갑자기 찾아온 갑상선암으로 수술 후 방사선 치료를 받으며 힘든 시기를 잘 견디고 은퇴했다.

남편은 은퇴 후 텃밭을 가꾸며 농사를 짓는다. 그는 부엌 창문 앞에 난초, 납풀, 장미꽃, 금불초, 제라늄, 부겐베리아를 심어 내 마음과 눈을 즐겁게 해준다. 나를 위해 부엌 창문 앞에 다양한 꽃을 심어두었다. 흰 꽃, 보라색 꽃, 빨강 꽃, 노랑 꽃, 연분홍 꽃이 어우러져 창밖을 내다볼 때마다 눈과 마음을 환하게 밝힌다. 바람에 살랑이는 꽃잎을 보고 있으면 기분까지 가벼워진다. 그는 사시사철 나에게 변함없는 마음을 보내고 있다.

  물 위를 나란히 떠가는 청둥오리를 바라보며 세월 속에 흘러온 우리 부부를 돌아본다. 물 위를 미끄러지듯 유유히 떠도는 청둥오리의 모습이 평화롭다. 자연의 품 안에서 조화롭게 살아가는 그들의 모습이 우리의 삶과 겹쳐 보인다. 함께 걸어온 길이 얼마나 소중한지 다시 깨닫게 된다. 남은 세월도 한결같은 사랑으로 서로 감싸안으며 함께 나아가길 소망해 본다.

두 문화를 이어주는 징검다리

내가 가장 좋아하는 시간은 토요일 오전이다. 내게는 주말의 시작이 아니고 두 손주와 만나는 비대면 시간이다. 줌(Zoom) 화면을 통해 한글을 가르치고 한국에 대해 알려 주면서 듬직한 손자와 귀여운 손녀와 대화하는 날이다.

4년 전 온라인 수업이 시작되면서 손주는 내가 다니는 교회 한국학교에 등록하였다. 그때는 손자가 1학년이었기 때문에 한글을 배우는 적절한 시기였다. 하지만 학년이 올라감에 따라 야구를 시작하면서 정해진 한국학교 수업에 참여할 수 없게 되었다.

오가는데 4시간 남짓 걸리는 곳에 사는 두 손주에게 어떻게든 한국말과 문화를 전해야겠다는 마음이 내 안에 자리 잡았다. 내가 아이들 시간에 맞추어 주로 토요일 오전에 줌을 열기로 했다. 먼저 유아반 손녀와 30분간 한글 기초 공부를 끝내고, 3학년 손자와 한 시간 동안 함께 비대면 수업을 시작했다. 물론 운동이나 과외 활동이 열리는 날에는 수업 시간이 그날 오후로 밀리기도 했다. 그렇게 시작한 것이 어느새 2년을 넘겼다.

금요일 저녁에 월간, 주간 지도계획을 점검하고 학습자료를 준비한다. 때로는 그림 카드도 만들어 둔다. 학습과 연관이 있는 영상자료도 찾아 둔다. 손주들과 줌 수업은 말하기로 시작한다. 지난 한 주 동안 어떤 일이 있었는지 한국어로 말하게 한다. 아직 서툴고 어색하지만, 그 속에 그들의 삶이 고스란히 담겨 있다. 친구들과의 생일 파티 이야기, 학교생활의 어려웠던 일이나 즐거웠던 일을 이야기한다. 어느 날은 손주가 담임선생님이 자신의 마음에 들지 않는다는 고민까지 털어 놓았다. "선생님을 진심으로 좋아해 보려고 노력해 보는 것은 어떨까?"라며 그의 마음을 다독였다.

본격적인 수업은 재외동포를 위한 영어권 한국어 교재로 PowerPoint 자료를 공유하여 온라인 학습으로 이루어진다. 단어를 익히고 문장을 써보고 말로 표현하는 모든 과정은 그들의 뿌리를 찾아가는 여정이다. 단어와 문장 쓰기 평가는 글짓기 수업으로 이어진다. 평가 시간에는 Pen Tablet을 사용하여 답과 맞춰 본다. 화이트보드 기능을 활용하여 직접 한글로 써보게 하고 문제를 풀기도 한다. 이렇게 하면 서로 통할 수 있고 손주가 얼마나 잘 이해했는지도 알 수 있다.

그림 카드를 만들어 낱말을 익히며 말하기 연습을 시킨다. 손주가 즐겁게 참여하도록 말없이 몸짓으로 표현하고 정확한 단어를 맞히는 무언극 게임을 하기도 한다. 몸으로 말하는 시간이 되었다. '요리하다, 케이크를 만들다, 공부를 하다, 전화를 하다, 책을 읽다, 옷을 입다, 우유를 마시다, 텔레비전을 보다' 등의 어휘를 배운 후에 내가 먼저 몸으로 말하는 시간이었다.

손녀는 낭랑한 소리로 답을 꿰맞춰 가더니, 내가 케이크를 만드는 모습을 크림 튜브 짜는 흉내를 내니까 어안이 벙벙하더니 "할머니, 잠깐, 케잌 돌리다!"라고 해서 한바탕 웃었다. 아마도 '케이크를 만들다' 라는 문장은 손녀의 기억에 오랫동안 남아있을 것이다. 설날 명절에는 온라인 윷놀이를 하고 복주머니를 접기도 한다. 또한 한국 역사나 영웅 이야기도 들려준다. 이순신 장군, 오성과 한음 이야기 등 영상자료를 함께 보며 한국어 수업에 흥미를 더해 주려고 노력하고 있다.

지난해 여름, 집안에 결혼식이 있었다. 나는 아들 부부와 손주들과 함께 방학 동안 한국을 방문했다. 처음 가본 낯선 땅에서 손주들은 긴장했지만, 큰할아버지와 큰할머니께 한국학교에서 배운 대로 "안녕하세요, 큰할아버지?" 한국말로 말하고 배꼽인사를 하는 모습이 대견했다. 결혼식장에서 두 손주는 어른들이 식사를 먼저 하기를 기다렸고 가족의 호칭을 자연스레 사용했다. 그 모습을 보면서 가슴이 뭉클했다. 컴퓨터 화면 속에 쌓아온 시간이 전혀 헛되지 않았음에 뿌듯했다. 나는 그들이 한국계 미국인으로서 한국어를 익히며 그들의 뿌리를 알고 어른을 공경하고 한국인의 정을 품고 살아가기를 소망했다.

내가 좋아하는 토요 줌 수업은 단지 한글만이 아니라 한국의 역사, 문화 그리고 효와 식사 예절까지 손주에게 심어주는 시간이다. 이 시간만 되면 내 안의 시계가 오랜 기다림 끝에 제자리를 찾은 듯 정확하게 움직이기 시작한다. 줌 수업은 지식 전달만이 아니라, 언어를 뛰어넘은 마음의 대화 시간이다. 또한 미국과 한국의 두 문화를 이어주는 징검다리이자 세대를 이어주는 배턴과도 같다. 나는 이 수업을 통해 두 손주가 자기 정체성을 확립하고 한국이라는 뿌리를 자랑스럽게 여길 수 있기를 기대한다. 줌 수업 시간마다 그 마음을 아이들 가슴에 단단히 심어줄 것이다.

  나는 토요일 오전을 기다린다. 그 시간은 수분이 뿌리를 적시듯 아이들의 자긍심이 서서히 자라나는 순간이기 때문이다. 나는 교사로, 할머니로, 한국인으로 다시 피어난다. 토요일마다 열리는 작은 줌 화면 속의 교실은 세대를 잇고 두 문화를 품은 숨결이 흐르는 공간이 된다. 이 공간은 아이들의 삶에 따뜻하고 쾌적한 온실로 오래오래 계속되기를 바란다.

해설
박덕규
문학평론가, 단국대 명예교수

뿌리를 자랑스럽게
— 이현인 수필집 『겨울을 견딘 꽃씨 하나』에 부쳐

|해설| **박덕규** 문학평론가, 단국대 명예교수

뿌리를 자랑스럽게
— 이현인 수필집 『겨울을 견딘 꽃씨 하나』에 부쳐

    수필은 개인의 체험과 사색을 자유로운 형식에 담아 미적 가치를 드러내는 문학이다. 체험을 이야기로 드러낸다는 점에서 소설을 닮기도 하고, 때로는 내적 고백을 이미지적으로 표현한다는 점에서 시를 닮을 때도 있지만, 대개는 글쓴이 자신이 직접 겪고 생각한 것을 진솔하게 서술한 짧은 산문 형식의 글로 소임을 다한다. 소재·구성·문체의 제약이 거의 없는 자유로운 글쓰기라는 점을 고려하면 글쓴이나 독자 모두가 가장 부담 없이 대할 수 있는 장르라고 하겠다. 그러나 수필이 자유로운 만큼 스스로 보다 가치 있는 문학의 자리에 놓이자면 때로 정서적으로 때로 이성적으로 수준 높은 반향을 불러일으킬 만한 요소를 지녀야 한다. 수필에 인간의 본성, 생의 의미에 대한 깊은 사색, 사회 현상을 꿰뚫는 예리한 통찰 등이 요구되는 것도 이런 까닭이기도 하다.
    수필은 무엇보다 작가와 독자가 '인간 대 인간'으로 직면하는 자리다. 글쓴이는 직접 자신의 이야기를 하고 독자는 독자대로 '꾸민

글'을 대할 때와는 달리 그 서술을 있는 그대로 받아들인다. 오늘의 수필가 이현인도 자신이 살아온 이야기를 꾸미지 않고 진솔하게 서술함으로써 독자와 손쉽게 소통하고 있다. 특히 인생의 갈림길에 놓일 때마다 나름대로 큰 결단을 내려 낯선 길을 택해 살아온 이야기는 독자에게 그것을 마치 본인이 겪는 듯한 느낌으로 수용하게 한다. 때로는 종교적 신념을 강하게 드러내면서도 조용한 신앙인으로서의 면모를 꾸밈없이 드러내 독자의 감응을 부드럽게 이끌고 있다.

이 수필집은 모두 4부로 구성돼 있다. 1부 '한마음으로'에 14편, 2부 '꽃을 닮은 이들'에 15편, 3부 '흙에서 찾은 행복'에 15편, 제4부 '실수는 새로운 시작이다'에 15편을 실었다. 각 부별 변별성이 크게 있는 것은 아니지만, 1부는 주로 가족들이 서로 한마음이 돼서 살아가는 이야기, 2부는 이웃과 더불어 사랑을 나누는 이야기, 3부는 세상살이에서 얻는 기쁨과 행복에 관한 이야기, 4부는 실수와 실패를 거듭하면서도 올곧게 살아가려고 애쓴 이야기 등으로 설명할 수 있다. 전체적으로는 치과의사의 딸로 태어나 성장할 때의 사연으로부터 22년간의 교직생활을 거쳐 미국 이민을 결행해 포틀랜드와 남가주에 이어 살면서 한국어 교사로 지낸 생의 이력을 밑바닥에 두고 있다. 한편으로는 신실한 신앙인으로서 기도와 봉사로 사는 모습도 담고 있으며, 뒤늦게 문예창작에 뜻을 두고 글쓰기 연마에 애쓰는 과정도 담고 있다.

'인내는 쓰다. 그러나 그 열매는 달다.' 아버지는 화선지에 세로로 붓글씨를 써서 치과 병원 기공실 안쪽에 붙여 놓았다. 나는 병원에 갈 때마다 그것을 읽었다. 아버지는 '사람을 대하든지 무엇을 하든지 참을성을 갖고 끝까지 기다리라'라고 일러 주셨다. 어려움을 견디고 기다리면 목적을 성취한 후에 기쁨이 따른다고 강조하였다. 어릴 적부터 들어온 아버지의 말씀이 내 좌우명이 되어 현재의 나를 있게 했다.

―「아버지를 그리며」에서

사랑과 인내, 희생으로 피어난 어머니의 향이 나를 에워싸고 일으킨다. 그 향기는 내가 지쳐서 쓰러질 때마다 지탱할 힘과 일어설 용기를 준다. 자식을 품었던 어머니의 그윽한 눈길은 그리움의 향으로 다가온다. 나도 사랑하는 이들에게 하나님의 사랑을 흘려보내며 그들과 함께 주어진 시간을 귀하게 가꾸어 나가고 싶다. 아이들과 손주들도 언젠가 나를 그리워하며 기도의 향기를 떠올릴 수 있기를 소망한다.

―「어머니의 향기」에서

누구나 그러겠지만 이현인은 부모의 영향을 많이 받고 성장했다. 아버지는 치과의사로서 병원을 열어 성실히 일한 분이다. "환자들의 이를 본떠서 직접 만들고, 만든 그 이를 본뜬 틀에 넣어보고 몇 번이나 점검하여 맞추는 작업을 하셨다"(「아버지와 곶감」). 이현인은 진정으로 환자를 위하며 진료하시던 이런 아버지를 존경하며 성장했다. 초등학교 3학년 때 그 아버지가 딸이 다니는 학교에 파견 나와서 학생들 구강 검진을 담당해 주셔서 그 딸로서 참으로 자랑스러워한 기억도 있다(「아버지를 그리며」). 그 아버지의 가르침이 바로 '인내는 쓰다. 그러나 그 열매는 달다.'였다(「아버지의 손길」). 안타깝게도 아버지는 딸이 고3 때 치명적인 병으로 타계했지만, 그 가르침은 딸의 좌우명이 되어 평생을 지켜준다.

아버지가 일찍 돌아가신 뒤 어머니의 마음은 온통 자식들을 향했다. "언제나 환한 마음의 불빛으로 아낌없이 나누어" 주신 어머니였다(「어머니의 향기」). 그 어머니는 "내가 큰아들을 낳고 여섯 살이 될 때까지 우리 집에 함께 계시며 손주를 돌보셨다." 그리고 미국으로 건너가 동생네 아이들을 돌보셨고, "우리 가족도 동생 초청으로 이민"을 가게 되자 "동생네 가족은 물론 5학년이 된 나의 작은아들까지 보살"피셨다. "어머니의 끝없는 희생만이 내 기억에 남아 있다"(「첫 발령과 어머니」). 평생을 희생과 나눔으로 산 어머니의 이러한 생활태도는 딸의 삶에 영향을 줄 수밖에 없다. 이 수필집은 이렇듯 작가 이현인이 부모로부터 선한 영향력을 물려받은 사실을 들려주고 있다.

이현인은 성장하면서 아버지에게 약사가 될 것이라는 약속을 했다. 그러나 아버지가 타계한 이후 가정형편이 어려워지면서 교대에 진학해 교사가 되는 길을 택했다(「아버지와의 약속」). 1974년 초등학교 교사가 되어 서울에서 7개 학교를 거치며 22여 년간 봉직했다. 미국으로 이민을 가서는 제2 언어로서의 영어 능력 습득 코스(ESL)를 거친 뒤, 캘리포니아 교원 기초능력시험(CBEST)을 포함한 모든 자격 요건을 이수하고 정식 교사 자격증을 취득했다. 이후 미국 정규 공립학교의 한국어 교사가 되어 13년간 봉직했다. 그리고 주말에는, 오리건 금요 저녁반 한국학교에서 교사로, 남가주 리버사이드 토요 한국학교와 드림교회 부속 한국학교에서 교사와 교장으로 일한 27

년이 있다.(「한국어 씨앗」). 이 수필집의 상당 내용은 이현인의 교육자로서의 이러한 체험과 관련돼 있다.

드디어 구령대에 올라가 율동하는 시간이었다. 흰 체육복으로 산뜻하게 갈아입고 구령대에 올랐다. 마이크를 잡는 순간 생각하기로 했다. 구령대 아래에 옹기종기 모여 있는 학부모들은 그저 말 없는 인형에 지나지 않는다고. 자신 있게 오직 우리 어린이들을 바라보며 씨앗, 아침 해, 학교 종, 깊고도 넓도다, 태극기, 꽃밭에서 등을 율동으로 꾸며 지도했다.
　—「삼월이 되면」에서

기초반 어린이의 발표를 시작으로 가지각색의 꿈이 무대 위에 펼쳐졌다. 가수, 소아과 의사, 유튜버, 컴퓨터 프로그래머, 요리사, 자선사업가 등 어린이들의 꿈은 다양했다. 그 모습을 바라보며 나는 마음에 깊은 울림이 일었다. 저마다의 꿈을 품고 자라는 어린이들이 한국인의 정체성을 가지고 이 땅에서 성공적인 삶을 살아내도록 돕는 것이 한국학교의 사명이라는 믿음이 더욱 분명해졌다. 어린이들이 이민 2세 또는 3세일지라도 조상의 언어와 문화를 배우며 자신의 뿌리를 이해하고 세계 속에서 자긍심을 갖고 살도록 이끌어 주는 것이 교사의 임무임도 확신하게 되었다.
　—「교사의 사명」에서

식사 시간에 신랑 신부가 돌면서 축하객에게 인사하고 있었다. 나를 발견하더니 다가와서 두 손으로 마이크를 만들며 큰소리로 다윗이 "이분이 나의 고등학교 은사님이세요."라고 같은 테이블에 앉아 있는 하객들에게 소개했다. 사람들이 손뼉을 쳤다. 가르친 보람이 물결 타며 다가오는 감격의 순간이었다.

―「제자 다윗」에서

이현인은 한국에서 22여 년 초등학교 교사 생활을 하면서 많은 일을 겪었을 것이다. 맡은 학년에 따라 교사로서의 행동도 달랐을 것이다. 「삼월이 되면」은 예기치 않게 일학년 담임을 맡게 되면서 겪은 애환을 드러낸 글이다. 입학 시즌에는 운동장에서 노래 지도를 하면서 아이들이 학교생활에 적응할 수 있게 이끌어야 하는데 그러자면 율동도 함께 가르쳐야 했다. 학부모들이 구령대 아래에 옹기종기 모여 지켜보는 상황에서 율동을 잘할 자신이 없었던 이 초보 교사는 오직 아이들만 보고 위기를 극복해 낸다. 초등학교 입학 때면 어느 학교에서나 벌어지는 광경의 뒷얘기를 우리는 이현인이 초보 교사 시절 겪은 고충으로 흥미진진하게 엿듣게 된다.

「교사의 사명」은 교회가 운영하는 한국학교에서 주최한 말하기 대회에 교사로 참여한 경험을 기술하고 있다. 대회에 참가한 이민 2세, 3세 아이들은 자신이 장차 가질 자신의 직업에 대해 한국어로 발표했다. 그동안 이 아이들을 대상으로 열심히 수업에 임했지만 평소에는 그 성과를 잘 알 수가 없었다. 교사라는 직업은 늘 같은 자리에서 자기 직분을 다하는 거지만, 그것이 어떤 결과로 나타나는지는 잘 알 수 없어 가끔 회의도 느낄 수 있고 때로 무력감에 빠질 수도 있다. 말하기 대회는 그동안 아이들에게 교육한 성과를 한눈으로 느끼는 자리가 된다. 이현인은 이 대회를 함께 주관한 교사로서 "어린이들의 꿈을 지지하고 그들이 한국인의 정체성과 얼을 가슴에 품고 자라나게 돕는 것이 교사의 진정한 사명이라는 것을 다시금 마음에 새기게 되었다."

「제자 다윗」은 한국어 교사로서 뜻밖의 자리에서 감격을 맛본 체험을 담고 있다. 다윗은 미국에서 태어난 한국인 2세로서 학창시절 필수 외국어로 한국어를 선택했다. 한국어를 배우는 일이 만만치 않았으나 발표나 숙제에서 뒤로 물러서지 않아서 한국어반 학급의 대표가 되었다. 졸업을 하고 신학대학에 진학한 다윗은 이후 교회에서 사역하면서 대학원 과정까지 성실히 수행 중에 결혼식을 올리게 된 상태다. 위 인용 대목은 결혼식 날 식사 시간에 신랑 다윗이 "이분이 나의 고등학교 은사님이세요."라고 큰소리로 소개를 해주어 "가르친 보람이 물결 타며 다가오는 감격의 순간"을 느끼는 장면이다.

이현인은 한국에서도 미국에서도 교사로 살았다. 교사가 되고 그 직을 유지하자면 우선 스스로 공부하는 일을 게을리해서는 안 될 것이다. 또한 알찬 수업을 위해 대상에 맞게 준비해야 할 것도 여러 가지일 것이다. 다양한 학생들의 눈높이의 중심을 맞추는 일도 그냥 쉬운 일만은 아닐 것이다. 지식 전달은 물론이고 삶의 태도나 사회적 책임을 심어주는 역할도 감당해야 할 것이다. 그만큼 보람도 있고 또 그만큼 고충도 있을 것이다. 이현인은 국내와 미국을 이어가며 거의 50년 가까이 교사로 일했으니 감회가 남다를 수밖에 없다. 이 수필집의 내용 상당 부분이 이러한 교사 체험을 담고 있는 것은 지극히 당연한 일이라 할 수 있다.

이 수필집은 이민자로서 미국에 정착하며 부딪치는 크고작은 사건들을 다루고 있어서 또 다른 읽을거리가 된다. 가령 이민자의 지위에 머물지 않고 미국 시민권자로서 주정부에서 하는 일에 직접 참여한 과정도 국내 독자들에게 흥미로운 소재가 될 것이다.

마지막 선거일은 열네 시간 동안 투표소에 머물렀다. 투표소가 붐비니까 내 몸이 말을 안 들었다. 오른쪽 종아리에 쥐가 나고 발가락이 꼬부라져 땅겨 왔다. 내가 이렇게 힘든데 저들은 어떠할까. 자기 삶을 담담하게 받아들이고 책임 있게 성취하는 그들의 모습을 보면서 내 마음을 가다듬었다. '내 나이가 이리 많은데 무얼 하랴' 라는 부정적인 생각이 내달음치는 날이 있었는데. 모녀의 일하는 모습은 마치 산소를 공급하는 한 편의 시를 읽는 것 같았다. 그들은 각자의 일에 충실하고 서로를 지지하며 마음을 나누었다.
　―「이 나이에 무얼 하랴?」에서

3시가 되자 안내 방송이 나왔다. 지금까지 호명하지 않은 사람들은 일 년 동안 배심원 서비스를 안 하게 될 것이라고 강조하며 카운터에 놓인 배심원 참석 증명서(Jury Attendance Certification)를 가지고 돌아가도 좋다고 했다. 이제는 갇혀 있는 기다림의 한계를 벗어나 '야호'를 마음속으로 외쳤다. 누에가 고치 속에서 답답한 시간을 견디고 나비로 탈바꿈하여 하늘로 첫 날갯짓을 펼칠 때처럼 진정한 자유를 온몸으로 느꼈다.
　―「법정 속 하루」에서

미국의 제도 중에는 그곳에 오래 살아온 이민자들도 이해하기 힘든 것이 적지 않다고 한다. 그중에서 주정부에서 주민들을 무작위로 차출해 임무를 부여하는 제도는 '국민총화'와 같은 구호 아래 국가의 부름에 순응한 경험이 적지 않은 한국 출신에게도 상당한 당혹감을 준다고 들었다. 「법정 속 하루」에서 보는 재판 배심원 등이 그 대표적인 것이다. 이런 경우, 대상자로 통보되면 개인 업무를 젖혀두고 무조건 불려 나가서 수행해야 한다. 또, 주정부의 중요한 업무를 자원하는 봉사자들에게 맡기는 제도도 특별하다 할 수 있다. 가령 「이 나이에 무얼 하랴?」에서 보는 선거관리 요원이 그러하다.

「이 나이에 무얼 하랴?」는 선거관리 요원으로 나가 며칠 동안 투표소를 지키는 업무를 맡아 봉사한 경험을 다루고 있다. "정해진 시간에 맞춰 투표소를 여닫으며, 투표용지를 제공하고 투표 과정을 감독하는 일"이 주업무다. 새벽 6시부터 늦은 밤까지 그것도 사흘에 걸쳐였으니 이미 고령인 몸으로는 벅찬 일이 아닐 수 없었다. "종아리에 쥐가 나고 발가락이 꼬부라져 땅겨" 오는 건 어쩌면 당연한 것이다. 그런데 놀랍게도 여든넷의 할머니와 예순을 넘긴 그 딸도 같은 봉사원으로 나와서 불평 없이 일하는 걸 보고 마음을 고쳐먹는다. 어쩌면 미국이 부강한 나라가 된 데는 "누군가의 도움이 되고 싶어 하는 마음"으로 "사회 질서와 공익을 위해 봉사하는" 평범한 일상인의 태도가 밑받침되었으리라.

「법정 속 하루」는 '배심원의 의무(Jury Duty)'를 수행하기 위해 법원에 나간 하루를 다루고 있다. "미국 배심원 제도는 시민이 재판에 직접 참여하여 피고인의 범죄 유무를 판결하는 제도다." "짧은 영어로 다른 사람의 시비를 가리는 잘못을 저지"를 수도 있어서 '면제'를 요청해 승낙을 받고 일찍 나오는 경우도 있지만, 일단 법원에 출두는 해야 한다. 이런 제도 역시 국가는 국민이 이끌어 간다는 민주주의의 대원칙에 해당한다 할 수 있다. 이현인은 이날 결국 당일은 물론이고 앞으로 "일 년 동안 배심원 서비스를 안 하게 될 것"이라 통보 받음으로써 답답함에서 벗어난다.

　이 수필집은 이외에도 미국 생활을 하면서 겪은 자잘한 일상의 사연을 담아 준다. 자식을 키우면서, 이웃과 어울리면서, 이곳저곳 여행을 다니면서 부딪치고 느낀 것들을 들려 준다. 연락이 끊어진 지 40년 되는 한국 친구와 연결돼 영상으로 상봉하는 '기적'의 사연도 있다(「기적이다」). 바다로 나가 "새롭게 일상을 시작하게 하는 역동적인 힘"을 얻고 오는 이야기도 있다(「내 친구는 해(海) 씨」). 은퇴 후 한때 모든 것에 의욕을 잃어버리고 우울증에 걸렸다가 새롭게 식물원에 일자리를 얻어 출근하면서 의욕을 되찾은 남편의 사연도 의미가 상당하다(「흙에서 찾은 행복」). "한국학교 설립 40주년 기념상을 받는 순간 기념패인 크리스털이" 손에서 미끄러져 떨어뜨린 뜻밖의 사건을 겪으며 '실수는 실패가 아니라 새로운 시작'이라는 교훈을 되새기는 글도 썩 유익하다(「실수는 새로운 시작이다」).

　이현인은 1996년 미국으로 이민 가서 살고 있는 한인이다. 마흔을 훌쩍 넘긴 나이에 언어와 풍습이 전혀 다른 이국땅에 적응하는 일이 얼마나 어려운 일이었을까. 게다가 이민자로서 각고의 노력 끝에 공립학교에서 학생들을 가르칠 자격을 얻고 교사 생활까지 했다는 데는 찬사를 보내지 않을 수 없다. 그 교육 내용이 한인 핏줄을 가진 이들에게 한국어를 익히게 한 일이었다는 데서는 더욱 큰 박수를 보낸다. 지금은 은퇴하고 개인적으로 창작에 몰두하고 있지만 따로 시간을 내서 손주들에게 여전히 '한국말와 문화'를 전하는 데 열성을 다한다. "교사로, 할머니로, 한국인으로 다시 피어난" 이현인의 바람대로 그 손주들도 "자기 정체성을 확립하고 한국이라는 뿌리를 자랑스럽게 여길 수 있기를 기대한다"(「두 문화를 이어주는 징검다리」).

이현인 수필집

겨울을 견딘 꽃씨 하나

초판 1쇄 발행 2025년 10월 25일

지은이 이현인
펴낸이 임현경

펴낸곳 곰곰나루
출판등록 제2019-000052호 (2019년 9월 24일)
주소 서울특별시 양천구 목동서로 221 굿모닝탑 201동 605호(목동)
전화 02-2649-0609
팩스 02-798-1131
전자우편 merdian6304@naver.com
유튜브 채널 곰곰나루

ISBN 979-11-92621-23-4 03810

책값 17,000원

*이 책은 저작권법에 따라 보호받는 저작물이므로 무단전재와 무단복제를 금합니다.
*이 책의 전부 또는 일부를 이용하려면 반드시 저작권자와 도서출판 곰곰나루의 서면 동의를 받아야 합니다.
*잘못된 책은 바꿔드립니다.